بيتكوين

الثورية كشفقوةالعملةالرقمية:
دليلشاملللبيتكوين

Abdul Aziz

جدول المحتويات

المقدمة

كتاب" بيتكوين : كشف قوة العملة الرقمية الثورية - دليل شامل للبيتكوين "هو هنا لِيُرحب بكم .
هدف هذا الكتاب الإلكتروني هو توفير معرفة شاملة للقراء حول الثورة المالية التي يُمثلها البيتكوين .
يسعى هذا الكتاب الإلكتروني للشرح تعقيدات هذه العملة الرقمية تأثيرها الشامل .
معظم هذا البيتكوين و تكنولوجيا البلوكشين التي تدعمه أينا تغييرًا هائلًا في المشهد المالي.

كباية اجحة أل لفيم جال العملات الرقمية اللامركزية الند للند ، جذب البيتكوين يفضو لأحول العالم حث العديد من المناقشات .
يهدف هذا الكتاب الإلكتروني للشرح حميكا يكيات البيتكوين بشكل شامل فائدته إمكانياته سواء للمبتدئين أل لئك الذين لديهم مفهوم أساسي للعملات الرقمية .

يبدأ الكتاب الإلكتروني بالتحقيق في فكرة النقود العملة الرقمية، حيث يتتبع تطور الأنظمة النقدية من ال
تبادل التجاري بالبيتكوين .

ثم يتناول الأجزاء التقنية بعمق، بما في ذلك تكنولوجيا البلوكشين و عملية التعدين، مما يجعل هذ ها لمو
اضيع المعقدة مفهومة للجمهور العام.

كما أقوم أيضًا بفحص اقتصاديات البيتكوين، بما في ذلك كيفية عمله كمتجر للقيمة و وسيلة للتبادل و
كاستثمار محتمل .

ينظر الكتاب الإلكتروني أيضًا إلى الجوانب القانونية و التنظيمية العالمية للبيتكوين، مسلطًا الضوء
لمدى

اختلاف و ديناميكية قوانين العملات الرقمية

يقوم هذا الكتاب الإلكتروني أيضًا بفحص نقدي للانتقادات و تحديات البيتكوين، بما في ذلك البيئة و الأنشطة
غير القانونية و مشكلات التوسع العالقة و ات و تلاعب بالسوق .

فهم أي موضوع يتطلب وجود وجهة نظر متنوعة و البيتكوين ليس استثناءً من ذلك

أخيرًا، أقوم بفحص التقدمات و الابتكارات المحتملة في مجالات البيتكوين و التمويل اللامركزي
(DeFi) تطلعًا بالمستقبل .

نظرًا لأ عالم العملات الرقمية لا يزال في مراحله الأولى، في الإمكانيات للنمو و الابتكار في المستقبل تكاد
تكون غير محدودة .

هدف هذا الدليل الشامل هو مساعدتك في فهم الإمكانيات الثورية للبيتكوين و كيف يمكن أن يحول الأنظمة الأمو
المالية العالمية .

سيكون هذا الكتاب الإلكتروني أداة لا غنى عنها في اكتشاف كل عالم البيتكوين المثير، سواء كنتم متحمسًا متفا
يًا، أو متفرجًا فضوليًا، أو مستثمرًا محتملًا.

انضموا إلينا في هذه المغامرة حيث نستكشف العالم المالي للبيتكوين الرائع و ركيف تغير هذه العملة الرقمية الظر
فالاقتصادية العالمية
.

الفصل الأول

فهم النقود والعملة الرقمية

تعريف وتاريخ النقود

مفهوم النقود كما نعرفه الآن هو نتيجة لرحلة طويلة معقدة عبر الزمن. منذ أنظمة التبادل البسيطة إلى القطع المعدنية إلى الأوراق النقدية وصولاً أخيرًا إلى العملات الرقمية، حدثت تطورات كبيرة في فهم الطبيعة الأساسية للنقود، في فهم النا الضروري معرفة هذا التطور.

في إطار اقتصاد، تعد النقود وسيلة متداولة على نطاق واسع لتبادل السلع والخدمات

تعتبر معيار للدفع المؤجل، ووحدة حساب، ومتجر للقيمة .

حين نستخدمها لتحديد الأسعار وإجراء الحسابات الاقتصادية .

النقود قد وجدت منذ بداية حضارة الإنسان .

كما تأخذ أقدم أنواع التجارة هو نظام المقايضة، الذي يشمل التبادل المباشر للسلع والخدمات .

كما يهيمن على البلدان التي لا تمتلك نظامًا قديًا متينًا .

على الرغم من بساطته، إلا أن نظام المقايضة عانى من " تضاعف الرغبات "

حيث كما من الضروري أن يكون لدى كل طرف ما يرغب فيه الآخر وهو الأمر الذي كان غالبًا لا يحدث .

علاوة على ذلك، كما من الصعب تحديد القيمة المكافئة لمختلف السلع والخدمات .

مع نشاء النقود السلعية، التي استخدمت السلع ذات القيمة الجوهرية كنقود نتيجة لعيوب نظام المقايضة . تم استخدام السلع المادية مثل الذهب والفضة والنحاس والحبوب والماشية كنقود سلعية .

فيحين استخدام السكان الأصليين في أمريكا قواقع الوم بوم كنقود، استخدمت الحضارات القديمة مثل مصر الحبوب . كما تقيمة النقود السلعية مرتبطة تمامًا بالمادة التي تم صنعها منها .

نتيجة لمتانتها وقابليتها للتقسيم وقابليتها للنقل وقيمتها الجوهرية، أصبحت المعادن الثمينة مثل الذهب والفضة والنحاس مع مرور الوقت هي النموذج المفضل للنقود السلعية .

بدأت الثقافات القديمة في تشكيل هذه المعادن إلى عملات وتزيينها بصور للطبقة الحاكمة لتوحيد قيمتها حوالي العام 600

قبل الميلاد، يُعتبر ليديا، مملكة في آسيا الصغرى القديمة، بأنها قد قامت بإدخال أول عملات تم تداولها على الإطلاق.

أدى صعوبة حمل الكثير من العملات المعدنية الثقيلة إلى تطوير النقود الورقية إلى أن هي تقدمها هائل .

حوالي القرن السابع الميلادي، كما تسلالتي غال الصينية أول من استخدم النقود الورقية التي يشار إلي هاأيضًا بـ النقود الطائرة "بسبب خفتها .

على مر العقود، امتد استخدام النقود الورقية إلى المناطق المختلفة من العالم

مع تأسيس المؤسسات المصرفية في أوروبا خلال العصور الوسطى، بدأت فكرة الأوراق النقدية تأخذ مفعولها .

في البداية، كا تالأ ا اقال النقدية تُستخدم كإيصال الاتللودائع يمكن استرداد ها بالمقابل بكمية معينة من ال ذ هب أ الفضة . استُبدلت القيمة الذهبية بمعيا الذ هب في القر التاسع عشر .

اتفقتال ا لعلااستبدال النقو دالو قية بكمية محددة من الذ هبو فقًا لهذا المعيا .

 مع ذلك، كا تالإمدادات المحد دةللذ هبو عدم الاستقر ا الاقتصادي في منتصف القر العشرين هماالأ سباب الرئيسية التي أدت في نهاية المطاف إلى التخلي عن معيا الذ هب

النقو دالو قية ي هي شكل من النقو د غير مد عوم ة بسلعة مادية، هي ما يميز الفترة المعاصرة من النقود . تأخذ النقو دالو قية قيمتها من ثقة الناس و ثقتهم في الحكومة التي تُص ها .

لا يمكن استبدال الها بالذ هبأ الفضة؛ بدلاً من ذلك، يضع الناس و الحكومات ثقتهم في استقر ا قيمتها صم دها.

تعرضت طبيعة النقو دللتغيير ا تكبير ة معد خو لعصر الرقمية في القر العشرين .

تم شاء النقو دالرقمية أ الإلكتر ية ا تيجة للاستخدام الو اسع للخدمات المصر فية الإلكتر ية ا لمعاملات عبر الإ تر ت .

يُ جفي هذ ها الفئة أينو عمن العملات التي يتم الاحتفاظ بها في شكل إلكتر ي، مثلا لعملات المشفرة مثلا ل بيتكوين

ظهو ا العملات المشفرة ا هي عملات رقمية أ افتراضية لا مركزية تستخدم التشفير للحماية، هو أحد ث تقدم في فيكرة النقود . العملة المشفرة الأ لوا الأكثر هرة هي البيتكوين، التي تم تطوير ها في عام 2009 تحتاسم يعر فباسم ساتو يناكاموتو .

البلوكشين هو دفتر حسا بلامركز ي يتم فر ضه من قبل شبكة من الحواسيب) أ " العُقَد (" التي تشغل عمليات العملات المشفرة . العملات المشفرة لا تو جد إلا على الشبكة ليسلها جو دمادي . لا يتم استخدام اأصلمادي أ سلطة مركزية لتحديد قيمتها . بدلاً من ذلك، تؤثر إمدادات السوق و الطلبو ا جة الثقة في كميبلغ قيمتها .

 ظرَّ الطبيعتها اللامركزية إمكا يتها التحقيق معاملات سريعة منخفضة التكلفة، بالإضافة إلى التسم ية المستعا ة، تمالتعر فعلا لعملات المشفرة لا سيما البيتكوين، بإمكا يتها التعطيل لالأ ظمة المال ية التقليدية .

□ بسببإمكانية استخدامها فيتسهيلاأنشطة غير القانونية ، وقد □ تفاعل □ جة التقلبفيالأسعار □ تأث
ير عملياتالتعدينعلىالبيئة ،تلقتأيضًا □ تقاداتو فحصًا .

□ بينما □ تطلعإلىالمستقبل ،تظلوجو هالنقودفيتغيّر .
تشير الاتجاهاتمثلاللامركزية □ الرقمنة □ التمييز إلىمستقبلحيثتتشا □ بماح
تالعملاتالرقمية الصاد □ ةعنالبنوكالمركزية
(CBDCs) ،معالعملاتالو □ قية التقليدية أ □ حتىتنحلمحلها .
يمكن □ يكو □ لمثلهذا المستقبلتأثير اتعميقة علىالهياكلاالاجتماعية □ الاقتصادية □ إعادةتعريفالت
جا □ في التجا □ ة □ إعادة هيكلةالأ □ ظمة المالية العالميةبطر قنحنفيبداية فهمهافقط

فيالختام ، يُشكلتطوير النقو □ حلةمثير ةتعكسالتقدمالاقتصاديو التكنولوجيو الاجتما عيلحضا □
ةالإ □ سان . علىمرالآلافمنالسنين ،تطو □ تمننظامبسيطللتبادلإلىعملاترقميةمعقدة .
فهمهذ هالسير ةالتا □ يخية أمر حاسمللتنقلو التأثير فيالتغيير اتالمستقبلية □ كذلكلتقدير الابتكا □ اتا
لماليةفيالماضي . يزدادأهميةفهمماتعنيهالنقودفعلًا -
تو افققيمي □ سيلةللتبادل □ □ عكاسللمجتمعالذيتعملفيه -
□ ذلكمعوقو فنا علىحافةحقبة جديدةمحتملةمنالنقود الرقمية .
قدتتخذالنقود أ □ كالًاأخر فيالمستقبل □ لكن □ ها □ أهميتهافيالمجتمعستظلبالتأكيد هينفسها .

مقدمةفيالعملةالرقمية

□ صلتحقبة جديدةمنالعملاتالرقمية □ تيجةلتطو □ مستمر للنقود □ هيتقوميبثو □ ةفيكيفيةفهمنا □
تبادلالقيمة .
العملةالرقمية ،التيتختلفبشكلكبير عنالأ □ ظمة النقديةالتقليديةحيث □ هامتاحةفقطفيشكلر قميأ □
لكترو □ ي □ ليسفيشكلماديمثلالأ □ اقالنقدية □ العملاتالمعد □ ية ، هينو عمنالعملة .

تشملالتمثيلاتالرقمية للعملاتالو □ قية التقليدية إلىالعملاتالمشفر ةالمفو ضبهابالكاملفيالفئةالو
اسعةللتكنولوجيا المالية المعر □ فةبـ" العملاتالرقمية . "
استخدامالشبكاتالحاسوبية الإ □ تر □ توأ □ ظمة التخزينالرقميهو ميز ةحاسمةللعملاتالرقمية .
□ هاتمكّنمننقلالملكية عبر الحد □ □ احر اعمعاملاتسر يعة ،ممايعز ز كفاءةالتبادلبشكلكبير.

النقودالرقميةتتنو عفيمابينهابينااللامركزية المركزية .

تُصد تُنظمالنقودالرقميةالمركزيةمنقبلسلطاتمركزية غالبأماتكو غالبأماتكو حكومة أ منظمةمالية

تتضمنهذ هالفئةالعملاتالمستقر ة العملاتالرقميةللبنوكالمركزية (CBDCs). تُمثل

CBDCs العملةالو قيةللد قميًا، حيثتحملنفسالقيمة الحمايات .

علىالجا بالآخر، تعتبرالعملاتالمستقرة عملاترقميةتر تبطقيمتهابمحفظةمنالأصول غالبأما

تكو هذ هالأصول لعبا ة عنعملةفاتو ة .

البيتكوينوالإيثيريوموالليتكوينهيأمثلةعلىالعملاتالرقميةاللامركزية أ العملاتالمشفرة .

تعتمدهذ هالعملاتعلى ظمةلامركزية تستخدمغالبأتكنولو جياسلسلةالكتل هينو عمنالدفاترا

لموز عة تُد عبر بكةمنتشر ةمنالحواسيب .

غالبأمالاتخضعالعملاتالمشفرة لأينو عمنأ واعالتنظيمالمركزي، ممايجعلهامقا مةللتدخلأ

التلاعبمنقبلالحكومات .

كا لصاحبهاالغامضساتو يناكاموتو، الذياعتمداسم

"بيتكوين، "الفضلفياد خالميد ا العملاتالرقميةاللامركزيةفيعام 2009.

جعلتتكنولو جياسلسلةالكتل هيدفتر الحساباتالموز عالذييمكنهالتحققمنالصفقاتمنقبلجميعا

لمستخدمين، البيتكوينشهيرًا .يتمإضافةكل كتلة "منالصفقاتإلى" سلسلة "

بترتيبتسلسليوخطي، ممايؤسسلسجلدائم .

تعتمدمعظمالعملاتالمشفرة المتدا لةحاليًا علىتكنولو جياسلسلةالكتل، التيتوفر الشفافية عدم

القابليةللتغيير الأمان.

هناكالعديدمنالفو ائدفياستخدامالعملاتالرقمية .

تجعلالصفقاتسريعة بأسعا معقولة، خاصةً عندمايتعلقالأمربالمدفو عاتالد لية .

كما لديهاإمكا يةتعزيز الشمولالماليلأ هيمكناستخدامهامنقبلالأ خاصالذينيكو و غالبأتح

تخطالفقر المصر فيأ ليسلديهمحساباتمصرفية .

بالإضافةإلىذلك، تو فربعضالعملاتالرقمية، خاصةالعملاتالمشفرة، بعض جاتالسرية

لكنليسبشكلكامل (مقا مةللرقابة.

علىالر غممنفوائدها، تتعرضالعملاتالرقميةللكثير منالتحدياتوالا تقادات .

يتعرضالمستخدمو لمخاطر كبيرة تيجةلتقلبالأسعا ، خاصة عندمايتعلقالأمربالعملاتالمشف

□ة. الاحتيال وغسيل الأموال هما مشكلتان يمكن أن تنشأ نتيجة لنقص التحكم و التنظيم .

تستبعد العملات الرقمية أيضًا □ لئك الذين ليس لديهم إمكانية الوصول القوي بالإ□ تر□ تلأ□ هات عتمد بش □ كل أساسي على اتصال عبر الإ□ تر□ ت .

□ أخيرًا، قد تعيق التعقي□ الطبيعة التكنولوجية للعملات الرقمية قبولها الواسع .

تتقدم العملات الرقمية بسرعة، دفعًا من الابتكا□ التكنولوجي و تغير تفضيلات المستهلك □ هذا يشير إ□ لى أ□ ها قد تصبح مهمة للغاية في المستقبل .

سيتغير البيئة التنظيمية □ قبول المستخدم □ التفاعل مع أ□ ظمة البنوك الحالية كما تقدمها .

يتعي□ ن ربما إذا كا□ تستح لم حلا□ كالا الدفع الحالية أم ستتعايش معها

باختصا□ ، تمثل العملات الرقمية تطو□ ات د□ يجيًا في تا□ يخ الأموال .

من خلال توفير □ سائل جديدة لإجراء المعاملات □ تطوير منتجات مالية جديدة □ تحديد □ الوسطاء لماليين التقليديين، في□ لديها القد□ ة على تحويل المشهد المالي .

فهم العملات الرقمية سيكو□ أمرًا أكثر أهمية مع تطو□ العالم الرقمي .

□ لكن من المهم أيضًا تقييم أي مخاطر مرتبطة بشكل شامل .

مثل أي تقدم تكنولوجي، تتيح العملات الرقمية الفرص و تحمل عيوبًا .

التوا□ بين هذ□ ها العوا مل هو مفتاح اد ماجها بنجاح في نظامنا المالي .

العملة التقليدية مقابل العملة الرقمية

تحوّل المال من □كل مادي إلى إلكتر□□ي، ثم إلى أ□كال□قمية، مما يمثل□تيرة سريعة في تطو□ أ□ظمتنا المالية. تتفاعل العملات الو□قية التقليدية□العملات الرقمية جنبًا إلى جنب، حيث يتوافر لكل منهما فوائد□تحديات متميزة، مما يوفر□قطة مراقبة مثيرة لمراقبة التفاعل الديناميكي بين الابتك□ التكنولوجي□الأ□ظمة الاقتصادية. تقوم هذه القسم بمق□□ة هاتين الوسيلتين للتبادل بتفصيل كبير، حيث يتم النظر في خصائصهما الفريدة،□الفوائد،□العيوب.

العملة التقليدية أ□ الفيات هو المصطلح الذي يُستخدم لوصف النظام النقدي المعترف به الذي تم□إ□شاؤه□الذي يتحكم فيه حكومة البلد. قيمة هذا المال، الذي لا يعتمد على سلعة ملموسة مثل الذهب أ□ الفضة، تأتي من الثقة التي يمتلكها الناس في الحكومة. إلى ج□اب العملات□الو□ق النقدي الفعلي، يشير الأمر أيضًا إلى التمثيلات الرقمية المحفوظة في□ظم البنوك.

من□ناحية□أخرى،□تصف□العملة□الرقمية□و□عَامنا□الأمو□الالتي□تُقدم□فقط□في□شكل□قمي□أ□إلكتر□□ي .
تتضمن□هذ□الفئة□من□العملات□العملات□المشفرة□اللامركزية□مثل□البيتكوين□أ□ الإيثيريو□م□التي□تعتمد□على□ت كنولوجيا□حديثة□مثل□التسلسل□الزمني،□بالإضافة□إلى□ال□نسخ□ال رقمية□المركزية□للعملات□التقليدية□التي□ت ص□□ ه□□ تنظمها□المؤسسات□المالية .

هيكل□أ□ظمتهما□التنظيمية□هو□ احد□من□أبرز□التمييز ا□تبين□العملات□التقليدية□□الرقمية .
تعمل□العملات□التقليدية□تحت□ا□ل□ة□المركزية□لمؤسسات□قوية□مثل□البنوك□المركزية .
تتمتع□هذ□المؤسسات□بالق□ ة□على□تو جيه□العمليات□العامة□للنظام□النقدي□و□كذلك□سياسة□النق□□ إمداد□الن قد .
من□ناحية□أخرى،□تعتمد□معظم□العملات□الرقمية، خاصة□العملات□المشفرة، على□الشبكات□اللامركزية□ب□□ ن سلطة□مركزية□ تعزز عملية□ديمقراطية□المو افقة□على□تحديثات□البر□ توكول□بالتو افق□بين□الأع ضاء

العملات□التقليدية□تأخذ□كل□ا□لعملات□و□الو□ق□النقدي،□مما□يمنح□إحساسًا□ملموسًا□بالملكية□القيمة .
تعتبر المحافظ□الر قمية□أ□ الحسابات□هي□المك□ الذي يستضيف□العملات□الر قمية،□التي□لا□تمتلك□و جود□أ□اديا□.

تعتمد معاملات العملة التقليدية على البنوك أو منظمات مالية أخرى للعمل كوسطاء تحقق و تعالج و تسجل المعاملات .

بينما تتيح الطبيعة اللامركزية للعملات المشفرة مثل البيتكوين، على النقيض الواضح، لشبكة الحواسيب أو العُقد أن" النود "التحقق من المعاملات من خلال الإجراء يعرف باسم التعدين.

يجب أن يكون أي نظام للعملة سهل الوصول .
على الرغم من أن العملات التقليدية هي المعيار المقبول و تحظى بدعم واسع، في قابليتها للاستخدام تتقلص في كثير من الأحيان على نطاق و مولية الأنظمة المالية .
تتفوق العملات الرقمية في هذا المجال بشكل خاص .
حتى في الأماكن التي تتخدمها التي يخيأ أنظمة مالية بشكل غير كاف، يمكن للأفراد الوصول إلى العملات الرقمية بوجود اتصال بالإنترنت.

عامل آخر مهم يميز هو سرعة تكلفة المعاملات .
يمكن أن تكون للأنظمة المصرفية التقليدية سوم باهظة أو قات معالجة ضعيفة، خاصة للمعاملات العابرة للحدود .يمكن للعملات المشفرة بشكل خاص تقليل مدة المعاملات بشكل كبير و تقليل التكاليف .

توفر معاملات العملات المشفرة مستوى أعلى من الشبه الاسمي فيما يتعلق بالأمان و الخصوصية مقارنة بصفقات العملات العادية .
مع ذلك، في هذا الشبه الاسمي ليس مطلقًا و يمكن ساستخدامها لأغراض سيئة .
على الرغم من وجود أطر قانونية و يقمُنشأة، إلا الأنظمة التقليدية غير مُعفاة من مشاكل مثل الاحتيال و سرقة الهوية.

تحمل العملات الرقمية العديد من الفوائد، لكنها تتضمن أيضًا العديد من العيوب .
تشكل تقلبات الأسعار حاجزًا كبيرًا أمام استخدام العملات الرقمية على نطاق واسع، خاصة العملات المستقرة .
ظرًا الاستقرار أسعار ها سبيًا، تنجح العملات التقليدية في الاقتصادات المستقرة في هذا المجال، لكن طبيعتها غير المتوقعة في كثير من الأحيان تثني الناس عن استخدامها في المعاملات الروتينية .

قبول العملات من قِبَل المستخدمين يتأثر بشكل كبير بالوضع القانوني و يو التنظيمي لتلك العملات .
تستفيد العملات التقليدية من تنظيم قوي و اعتراف قانوني، مما يوفر للمستخدمين بعض الحمايات و الخي

اتفيحالة جودة زاعاتأ احتيال .

معذلك، في الوضع الق و يللعملة الرقمية غالباً مايكو غير اضح .

علسبيلالمثال، تجعلالهيكلاللامركزيللعملاتالمشفرةمنالصعبإ شاءإطا تنظيميشامل.

الحاجز التقنيهو آخر عقبة ئيسيةتواجهالعملاتالرقمية .

فهيتأتيبأفكا إبداعية فوائدمحتملة لكنهاتتطلبأيضًامستو معينمنالخبرةالتقنية .

قديجدالمستخدمالعاديصعوبةفيالتعاملمعالعملاتالرقمية، أ إدا ةالمحافظالرقمية، أ فهمتكنو لوجياالتسلسلالزمني .

علىالنقيض، تعتبرالعملاتالتقليدية، التيتشكلجزءًامنحياتناليومية، بسيطة سهلةالاستخدام.

فيالختام، تقدمالعملاتالتقليدية الرقمية ماذجبديلةلتبادلالقيم، كلمنهايأتيمعمزاياهو عيوبهال خاصة . تقدمالعملاتالتقليديةاستقر ا بساطةلأ هامتقبلة مستخدمةعلىنطاقواسع .

تجدالعملاتالرقميةأيضًامكا افيالأ ظمةالماليةبفضلتكنولوجياهاالمبتكرة إمكا ياتهاالتعزيزا لشمولية الكفاءة .

لايز الغير اضحماإذاكا تالعملاتالرقميةستحلمحلاالأمو الالتقليديةأ ستعملجنبًاإلىجنبمعها .

لكنالجدلالمستمر بينالعملاتالتقليدية الرقميةسيظلبالتأكيديؤثر علىكيفيةتطوير مستقبلناالم الي .

الفصل الثاني

مفهوم البيتكوين

ما هو البيتكوين؟

البيتكوين يتميز كابتكار ائد قد قلبت تمامًا طريقة تفكير الناس حول المال في المنظر الواسع للتقنيات المال
ية المعاصرة .

هي دمج أفكار الرياضيات و علوم الكمبيوتر النظرية الاقتصادية لا تاجعل قمية متمركزة تمامَ
الاتخضعلأينو عمتا واعا السلطة المركزية .

تركز هذا القسم بشكل عميق على فهم ها البيتكوين، حيث يفحص خلفيته التكنولوجيا الكامنة الميزات، تأثير ه على الاقتصاد العالمي.

بدأت يخ البيتكوين يفيخضم أزمة عام 2008 المالية، عندما شر خص مجموعة من الأ خاصيتحد بالاسم المستعا ساتو يناكاموتو قة بيضاء عن البيتكوين.

تمتقديم الفكرة الرائدة للعملة قمية متمركزة تماماً تسمح بالمعاملات تنظير لنظير بد حاجة إلى طر ف ثالث موثو قبه هفيو قة بحثية بعنوان "البيتكوين ظامنقدي إلكترا يند لند."

في يناير، 2009 حصل الجمهو ر على وصول إلى البر امج البيتكوين. المرا ت 03/ يناير 2009/ المستش ا على الحافة قاذ ث للبنوك، "يحتو ي على رسالة مخفية في الكتلة الأ لل لسلسلة الكتلا لخاص ة بالبيتكوين المعر فة أيضاً باسم" كتلة البداية "أ "الكتلة صفر، "التي تتم شاؤ ها استجابةً للفوضى المالية في ذلك الوقت. تمثل هذ ه الر سالة البداية البيتكوين يكبديل للنظام المالي التقليدي.

من الناحية الأساسية، يُعد البيتكوين نو عَامن العملات الر قمية المتمركزة، المعر فة بشكل شائع باسم ا لعملة المشفرة. لا يتحكم فيها أي بنك مركزي.

على عكس العملات التقليدية، يكو ن البيتكوين موجوداً قميًا فقطو لا يظهر كعملات أ قن قدي فعلي. في حينأن" البيتكوين" بحرف "B" كبير (

تشير في يعضا لأحيا ن إلى النظام أ البرمجيات الشبكة، يُمثلكل" بيتكوين" بحرف "b" صغير (حدة من هذ ه العملة.

تعتمد تكنولوجيا البيتكوين على "البلوكشين، " هو دفتر السجلا لموز عوا للامر كزيا لذيتتبع جميع المعاملات عبر كة من الحوا سيب المعر فة باسم" العُقد. "يتم دمج كلمعاملة في" كتلة إضافتها إلى" سلسلة " من المعاملات السابقة بتر تيب حد ثها.

يضمن هذا النظام شفافية أم و عدمقابلية التغيير لجميع المعاملات

طبيعة البيتكوين غير المركزية هيو احدة من أبر ز ملامحها التمييزية. يعمل البيتكوين على لشبكة لد لند متمركز ة خالية من سيطرة أي منظمة احدة، على عكس العملات التقليد

ية‏التي‏يدير‏ها‏□‏ينظمها‏البنوك‏المركزية‏كالمركزية‏أ‏□‏السلطات‏المالية .

تعني‏هذه‏اللامركزية‏أ‏□‏هلايمكنلأيشخصأ‏□‏منظمة‏تغيير‏قيمة‏البيتكوين‏أ‏□‏إمداد‏ه‏امند‏□‏اتفاقمس بق‏□‏هو‏مايشكلو‏سيلة‏حماية‏مدمجة‏ضد‏التدخلا‏لسياسيأ‏□‏سو‏ء‏إدا‏□‏ة‏الأمو‏□‏المالية‏التيقدتؤ‏دي إلا‏لتضخما‏لفائق .

□‏بالتالي‏،‏يظهر‏البيتكوين‏إمكا‏ية‏□‏جود‏□‏ظام‏ماليفعّاليكو‏مثلما‏هو‏غير‏مركزيو‏عالميكالإ‏تر‏□‏تن فسه‏□‏يُظهر‏تحولًا‏جديدًا‏فيمفهو‏م‏الاستقلالية‏المالية .

حد‏إمداد‏البيتكوين‏،‏الذييتمتحديد‏ه‏بشكلخوا‏□‏زمي‏،‏هو‏ميزة‏أخر‏تميزه .

خيا‏□‏تصميمي‏ُعطيا‏لبيتكو‏ينطابعها‏لتضخميهو‏الحد‏الأقصلعدد‏البيتكو‏ينا‏لتييمكنأ‏□‏تظهر‏علا‏لإط لاق‏□‏الذي‏يُحدد‏عند 21 مليو‏□‏بيتكوين .‏بحلو‏لسبتمبر‏، 2021 تمتعديناأكثرمن 18.5 مليو‏□‏بيتكو‏ينبالفعل .

تتناقضهذه‏النا‏□‏ة‏المحددة‏مسبقًا‏معالاتجاهاتا‏لتضخمية‏لمعظما‏لعملاتا‏لتقليدية‏،‏حيثيمكنللبنو كالمركزية‏زيادة‏إمداد‏النقود .

□‏تيجة‏لذلك‏،‏تممقا‏□‏ة‏البيتكو‏ينبشكلمتكر‏□‏بالذهبا‏لرقمي‏□‏قامبعضالأ‏□‏خاصحتبالاد‏عاءب أ‏□‏إمداد‏ه‏المحا‏□‏ديجعلهو‏سيلة‏فعّالة‏للتحو‏طضد‏التضخم .

الأ‏□‏خاصالمعنيينفيهذا‏لمعاملاتالايتمتحديد‏ه‏مبشكلعلني‏،‏علا‏لر‏غممنأ‏□‏كلمعاملة‏علا‏لشبكة‏ال بيتكو‏ينمتاحة‏للجمهو‏□‏علا‏سلسلة‏الكتل .

بدلأمنذلك‏،‏يتمتمثيلهمعنطر‏يقعنا‏□‏ينألفا‏□‏قمية‏مميزة‏،‏ممايمنحا‏لمستخدمينقد‏□‏امنا‏لخصوص ية . ‏منا‏لمهما‏□‏نتذكرأ‏□‏البيتكو‏ينيعتبر‏□‏بهمجهو‏لبد‏لأمنأ‏□‏هه‏مجهو‏لتماًما .

يمكنأحيا‏□‏أا‏□‏تقوم‏التحليلاتا‏لمعقدة‏بر‏بطالعنا‏□‏ينبأ‏□‏خاصمعينين‏،‏حتنلو‏لميكنذلكيكشفعنهويات المستخدمينمبا‏□‏رة .

□‏معذلك‏،‏تُشير‏طبيعتها‏لشبهمجهو‏لة‏إلا‏لاتجاهفيا‏لعصر‏الرقمينحو‏المزيدمنا‏لخصو‏صية‏المالية

سمة‏أخر‏ىأساسية‏تعزز‏□‏ظائفا‏لبيتكو‏ينكشكلمنأ‏□‏كالا‏لعملة‏هيقابليته‏للتجزئة .

يمكناستخدامثما‏□‏ية‏أماكنعشر‏ية‏لتجزئة‏كلبيتكوين‏،‏حيثُيُشا‏□‏إلا‏لأصغر‏□‏حدة 0.00000001 ‏، بيتكوين‏،‏باسم" ‏ساتو‏□‏ي "تكريًما‏للر‏جلا‏لغامضا‏لذيأ‏□‏شأ‏البيتكوين .

بفضلتجزئتها‏لعالية‏،‏يمكنللبيتكو‏يند‏عمعدد‏كبير‏منا‏لمعاملات‏،‏بما‏فيذلكا‏لمعاملاتا‏لصغيرة‏،‏على الر‏غممنا‏إمداد‏ها‏لمقيد .

□□ تيجةلذلك، لدالبيتكوينالإمكا اتلأ يُستخدمكو سيلةللتبادلفيالمعاملاتالرقميةمنالصغيرةإلى الكبيرة .

يضعالبيتكوينمعيا أ علىلقابلية النقلو المتا ةالنقديةلأ ها أصلر قميتام .
يكو تخزينو قلو حملالبيتكوينأسهلبكثير منالعملة التقليديةأ حتالذهب .
يمكنوضعقيمةبيتكوينتُقد بمليا اتالى لا اتعلجهاز صغير مثلقرصفلاش .
بالإضافةإلذلك ظرًالأ البيتكوينيتمتخزينهافيشكلرقمي، فإ هالاتتأثربالتد هو أ الاهتراءمع مر الوقتكمايحدثمعالو قالنقديأ العملاتالمعى يةالفعلية .
بهذاالمعنى، يُمثلالبيتكوينو عًامو ثو قًا عمليًامنالعملةمثاليًاللعصر الرقمي .

التعدينهو عمليةتأكيد المعاملاتو تسجيلها علىشبكةالبيتكوين .
يستخدمالمُعدينأجهز ةحاسوبقويةلحلمشكلاتر ياضيةصعبة .
يكو لدأ لمُع يحلالمشكلةفر صةإضافةكتلةجديدةإلىالسلسلةالكتلويُكر مبمبلغمُحددمنالبيتكو ين) يخضعهذاالدفعلعملية" التقسيم "، "ا التيتيتحدثتقريبًاكلأ بعسنوات . (
يتمضما أما و تشغيلفعّالللشبكةالبيتكوينمنخلالهذاالنظامالقائمعلىالحوافز .

إل شاءالبيتكوينلملميكنمجر دتحديًاللأسسالنظامالماليالمُثبَّت لكنهأيضًاأحدثو عًاجديدًامنالعم لة .
يوفر آليةلنقلالقيمةتكو بلاحد د بد حاجةإلىاذن، ممايسهلتمكينشمو ليةماليةللسكا غير الم صرفين .
بالإضافةإلذلك، يوفر سيلةللدفا عالممكنةضدالتضخم، خاصةفيالمناطقذاتالاقتصاداتغير الا ستقر ا ية .

معذلك، هناكبعضالصعو باتالمتعلقةبالبيتكوين .
ها استثما خطير بسببتقلبأسعا ه قدتثير مخا فبيئيةبسباستهلاكهللطاقة .
علىالر غممنا معظمالأ شطةالمتعلقةبالبيتكوينهيقا و ية فافة، فإ طبيعتهالشبهمجهو لةقد تماستخدامهالأغر اضغير قا و ية .

بالإضافة إلى ذلك، تتباعد ال□ لاعبين المختلفة هجَات تنظيميًا مختلفًا فيما يتعلق بالبيتكوين، حيث يؤيد عم بعضها ا لتكنولوجيا□ تحظرها البعض الآخر بشكل كامل .

يتعثر اعتماد الجمهو□ العام للبيتكوين بشكل كبير بسبب هذ ها الصعوبات و عدم اليقين التنظيمي.

في الختام، أ□ علت البيتكوين إعادة تفكير أساسية فيما يتعلق بطبيعة الأمو الفي العصر الرقمي كتنفيذ□ اج حل□ لعملة□ قمية لامركزية .

□ ها تمثل□ قطاعًا أساسيًا عنا لأ□ ظمة النقدية التقليدية□ توفر□ ؤية مقدي كو□ فيها النقود لامركز ية□□ قمية□ عالمية.

□ إمكا□ ية تحويل البيتكوين لنتحول ياتا لأمو الا العالمية لا تُنكر، علنا لر غم من صعوباتها .
يمتلك البيتكوين، معاستمر ا□ مو هو تطويره، القد□ ة علنأ□ يكو□ الحافز لعصر جديد في العالم الأموال، يتميز بزيادة الاستقلال ال ماليو الكفاءة□ الشمول .
□ حلة البيتكو ينبعيدة عنا لا□ تهاء□ لايز الغير□ اضح كيف ستؤثر علنا لعالم في المستقبل البعيد .
□ مع ذلك، يستمر البيتكو ينفيأ□ يكو□ مثالًا□ ائعًا علنقو ة الإبدا عوقد□ ة التكنولوجيا علنا إعادة تعريف الهياكل الر اسخة.

تاريخ وأصل البيتكوين

إن إدخال البيتكوين يمثل ثو□ ة غير مسبوقة في تكنولوجيا الأموال. كعملة□ قمية لامركزية استُخدمت على□ طاق□ اسع للمرة الأ□ لى، أث□ البيتكوين تحديًا للأفك□ المُسبقة حول المال□ طرق الدفع. تتداخل التكنولوجيا□ الاقتصاد□ السياسة□ فلسفة اللامركزية في السرد الجذاب الذي يشكل ت□ يخ البيتكوين. يتنا□ ل هذا القسم التطو□ الشيق□ ت□ يخ البيتكوين، مع التركيز على بداياتها□□ مو ها□ تأثيرها الملحوظ على النظام المالي العالمي.

تعود بدايات البيتكوين إلى أزمة الأزمة المالية العالمية عام 2008، □ هو□ قت من التقلبات الاقتصادية الشديدة كشفت عن□ قاط ضعف خطيرة في النظام المالي السابق. أدى هذا السياق إلى□ شر□□ قة بيضاء بعنوان "البيتكوين:□ ظام□ قدي إلكتر□ ي□ د لند" من قبل فرد أ□ مجموعة يستخدمون اسم مستعا□ يدعى ساتو□ ي□ اكاموتو. تُقدم الو□ قة

البيضاء فكرة مبتكرة لنظام عملة رقمية يسمح بالمعاملات بين الأقران دون الحاجة إلى وسطاء مثل البنوك أو الكيانات الحكومية.

الكتلة الأولى للبيتكوين، المعروفة بـ "كتلة البداية" أو "الكتلة صفر"، التي تم تعدينها من قبل ناكاموتو في يناير 2009، تُشير إليها باعتبارها أول كتلة للبيتكوين. كانت "The Times 03/Jan/2009 Chancellor on brink of second bailout for banks"، التي عكست أزمة الأوضاع المالية في تلك الفترة رمزت بداية البيتكوين كبديل للأنظمة المالية المعتمدة، رسالة سرية تم العثور عليها في الكتلة الأولى.

ساتوشي ناكاموتو، الذي اخترع البيتكوين، لا يزال شخصية غامضة. لم يترك ناكاموتو سوى قليل من الآثار، منشورات في المنتديات، رسائل بريد إلكتروني، وشفرة البيتكوين نفسها، ولم يتم تحديد هويته بشكل كامل حتى الآن. في إبريل 2010، توقف ناكاموتو عن التواصل مع مجتمع البيتكوين، مما شكل نهاية التواصل مع المطورين الملتزمين وترك البرامج مفتوح المصدر في أيديهم.

على الرغم من أن هوية ناكاموتو لا تزال لغزًا، إلا أن الإرث الذي تركه خلفه كان له تأثير كبير. يمكن رؤية فهم شامل للتداخلات بين هذه المجالات الدراسية، بما في ذلك علوم الحاسوب وعلم التشفير والاقتصاد والفلسفة السياسية، في تطوير البيتكوين، الذي يعد توليفًا لعدة منها.

كان تطوير وصيانة البيتكوين مجهودًا جماعيًا منذ رحيل ناكاموتو. بروتوكول البيتكوين آمن ويتم تحسينه بواسطة مطورين من جميع أنحاء العالم. خضعت البيتكوين لعدة ترقيات وفروع على مر السنين، بعضها أدى إلى تطوير عملات رقمية جديدة تمامًا مثل "بيتكوين كاش."

في سنواتها الأولى، كان لدى البيتكوين قيمة نقدية قليلة وكانت مجهولة تقريبًا للجمهور العام. في مايو 2010، قام المبرمج لازلو هانيتش بتبادل 10,000 بيتكوين مقابل بيتزاين، مما يشكل أول استخدام تجاري معروف للعملة الرقمية. اليوم، "يوم بيتكوين للبيتزا" هو عطلة معروفة تخلد هذه الصفقة.

حوالي عام 2011، بدأ سعر البيتكوين وشهرته يتصاعدان، مجذبين انتباه الجمهور والجهات التنظيمية ووسائل الإعلام. عندما وصل سعر البيتكوين إلى مستوى قياسي في عام 2017 بحوالي 20,000 دولار، أحرز إنجازًا رئيسيًا أكد جدوى جاذبية كوسيلة رقمية واستثمار مضارب.

ولكن طريق البيتكوين لم يكن دائماً سهلاً. بسبب تقلباته الكبيرة، واستخدامه في أنشطة غير قانونية، وصلته بالعديد من العمليات الاحتيالية، تعرض لانتقادات وفحص حكومي متزايد. على الرغم من هذه الصعوبات، إلا أن قيمة البيتكوين وشهرته ما زالت تتزايد، مما يظهر مرونته وإمكانياته

تأثر تطوير البيتكوين بشكل كبير على عالم الأموال. لقد أشعل تطوير صناعة جديدة بأكملها للعملات الرقمية وتكنولوجيا البلوكتشين، مما أدى إلى إنشاء الآلاف من الأصول الرقمية وتطبيقات مبتكرة في العديد من الصناعات.

من الناحية الأوسع، يتحدى البيتكوين المبادئ الأساسية للنظام المالي المعتمد ويقدم بديلًا لامركزيًا مفتوح المصدر ومقاوم للرقابة. تمت مناقشة إمكانيات الأنظمة اللامركزية، وطبيعة النقود، ودور المصارف المركزية في هذا السياق.

لقد قام البيتكوين بتغيير كيفية تفكيرنا في المال بطرق متعددة. قدم فكرة المال القابل للبرمجة، ووضع سابقة لندرة الرقمية، وأظهر فعالية التوافق اللامركزي. ونتيجة لذلك، يمثل البيتكوين تجسيدًا للاستقلال المالي اللامركزية بالإضافة إلى كونه عملة رقمية

متابعة تطوير البيتكوين تكشف عن قصة فكر جذري، وتقدم تقدمًا تكنولوجيًا وتنمية اقتصادية. يبرز إمكانيات الأنظمة اللامركزية والتكنولوجيا الرقمية من خلال تحولها من فكرة مجردة في ورقة بيضاء إلى أصل رقمي معترف به عالميًا. على الرغم من وجود الكثير من الغموض والصعوبات التي تواجه البيتكوين، فإن تأثيره على القطاع المالي وصناعات أخرى لا يمكن إنكاره.

بغض النظر عما إذا كان سيحقق البيتكوين في النهاية قبولًا واسع النطاق كعملة أم سيظل أصلًا رقميًا متخصص، فإن تأثيره يتجاوز بكثير قيمته النقدية. تطور البيتكوين من

يشهد على إبداع الإنسان الدافع الذي لا ينتهي نحو التقدم المالي في العصر الرقمي. لم تُكتب الفصول الختامية لقصة البيتكوين بعد. إن أساس البيتكوين ستستمر في التأثير على اتجاهات الأموال التكنولوجيا مع تقدمنا في القرن الواحد العشرين.

تكنولوجيا البلوكتشين وراء البيتكوين

بالإضافة إلى ثورة فكرة العملة الرقمية، شهدت صعود البيتكوين أيضًا إدخال تقنية مبتكرة تعرف باسم "البلوكتشين". قامت التكنولوجيا البلوكتشين بتغيير تام في كيفية تفكيرنا فيما يتعلق بالثقة والأمان والشفافية في المعاملات المالية، وتشكل أساسًا للبيتكوين وغيرها من العملات الرقمية. يتناول هذا القسم بعمق تفاصيل العمل المعقد لتقنية البلوكتشين، مستعرضًا أفكارها الأساسية، وتطبيقاتها العملية، وتأثيراتها الواسعة على مجموعة متنوعة من الأعمال خارج نطاق العملات المشفرة.

ما يُشار إليه بالبلوكتشين هو دفتر رقمي لا مركزي له شفافية وثبات، يتتبع المعاملات عبر العديد من الحواسيب أو عقد الشبكة. يتم إنشاء تاريخ تسجيل لكل المعاملات بشكل زمني مُقاوم للتلاعب عند تجميع كل معاملة في "كتلة" إضافتها إلى سلسلة متزايدة من الكتل السابقة التي تم تسجيلها بالفعل. باستخدام إجراءات التوافق، يقضي هذا النظام اللامركزي للدفتر على الحاجة إلى وسطاء مثل البنوك أو السلطات الخارجية، في حين يعزز الثقة والشفافية.

الفكرة الأساسية وراء تكنولوجيا البلوكتشين هي اللامركزية. يعمل البلوكتشين على شبكة من نظير إلى نظير، على عكس الأنظمة المركزية التقليدية، حيث يتم توزيع السيطرة واتخاذ القرارات بين العديد من المستخدمين نظرًا لانتشار الشبكة، لا يمكن لمنظمة أو سلطة واحدة ممارسة السيطرة الكاملة عليها. يزيد البلوكتشين من الشفافية، ويقلل من إمكانية الرقابة، ويقلل من تأثير نقاط الفشل الفردية من خلال التخلص من الحاجة إلى الوسطاء. اللامركزية تمنح الأفراد والمجتمعات سلطة أكبر، معززةً الشعور بالملكية والمشاركة في الشبكة

البلوكتشين يستند إلى آليات التوافق كبنية أساسية. تمنح هذه الآليات المشاركين القدرة على الاتفاق على الحالة الحالية لدفتر السجلات والتحقق من المعاملات الجديدة.

يستخدم بلوكتشين البيتكوين آلية التوافق المعروفة باسم "برهان العمل، (PoW)" هي أحد أشهر آليات التوافق. في برهان العمل، يتنافس المنقبون للعثور على حلول لألغاز رياضية صعبة، يقدمون عملهم كدليل يكتسبون امتياز إضافة كتل جديدة إلى السلسلة.

من خلال استخدام هذا النهج، يمكن لمستخدمي الشبكة التأكد من أن المعاملات قد تم التحقق منها تمت الموافقة عليها. ظهرت تقنيات التوافق البديلة مثل "برهان الحصة (PoS)" "برهان الحصة المفوض (DPoS)" "مع تطور تكنولوجيا البلوكتشين. من خلال التعامل مع قضايا القدرة التوسعية كفاءة الطاقة، تمكن هذه الحلول بيئة بلوكتشين أكثر استدامة شفافية

تعتمد زاهة موثوقية التكنولوجيا البلوكتشين على لا يتزعزعها مقاومتها للتلاعب. يصعب جدًا تغيير أو حذف المعاملات على البلوكتشين بعد تسجيلها. يتم ربط كل كتلة في السلسلة بالكتلة السابقة عليها عبر تشفير هاش، أو بصمة رقمية فريدة. أي محاولة لتعديل كتلة تتطلب تغيير هاش الكتلة الأصلية جميع الكتل التالية. تضمن لا يتزعزعها مقاومتها للتلاعب في البلوكتشين صعوبة قريبة من المستحيل في هذه المهمة الحسابية نظرًا لأن المشاركين يمكنهم الاعتماد على دقة المعاملات المسجلة، فإن لا يتزعزعها في البلوكتشين يعزز الثقة. التكنولوجيا البلوكتشين هي أداة حيوية لقطاعات مثل إدارة سلسلة التوريد المال الرعاية الصحية لأنها تقدم أيضًا إمكانيات التدقيق القوية.

رغم أن التكنولوجيا البلوكتشين أصبحت أكثر شهرة مع ظهور العملات الرقمية، إلا أن استخداماتها المحتملة تتجاوز بكثير عالم الأموال الافتراضية. يقوم عدة صناعات مختلفة بالتحقيق في التأثيرات الثورية المحتملة لتكنولوجيا البلوكتشين في المجالات التالية:

توفر التكنولوجيا البلوكتشين سجلًا لامركزيًا غير قابل للتغيير يجعل سلاسل التوريد قابلة للتتبع شفافة. يمكن للشركات ضمان أصالة أصل العناصر من خلال تسجيل كل خطوة في رحلة سلسلة التوريد على البلوكتشين. يساعد هذا الإجراء في منع دخول

السلع المزيفة إلى السوق يمكّن العملاء من اتخاذ قرارات ذكية. تستخدم الصناعات مثل الغذاء والطب والسلع الفاخرة منصات تقنية البلوكتشين لتوثيق العناصر، والتحقق من شرعية شركاء سلسلة التوريد، وتسريع العمليات. تشجع إمكانية التتبع القائمة على تقنية البلوكتشين على التصرفات الأخلاقية والمستدامة، مع تحسين الكفاءة.

للبلوكتشين إمكانات هائلة لتحويل الأنظمة المالية المثبتة. يُسهل البلوكتشين إجراء المعاملات المباشرة من نظير إلى نظير عن طريق التخلص من الوسطاء، مما يقلل من التكاليف ويسرع العمليات. تتيح تكنولوجيا البلوكتشين تنفيذ المدفوعات عبر الحدود بسلاسة، والتي تعترضها تقاليد إجراءات طويلة ورسوم مكلفة. من خلال أتمتة الإجراءات والتخلص من حاجة إلى الوسطاء، تعمل العقود الذكية، الاتفاقيات الذاتية التنفيذ المخزنة على البلوكتشين، على تحسين الكفاءة وتقليل مخاطر الاحتيال. تقدم منصات الإقراض والتمويل اللامركزية المبنية على التكنولوجيا البلوكتشين طرقًا مختلفة للأفراد والشركات للوصول إلى رأس المال. يمكن أيضًا تحسين أمان وخصوصية المعاملات المالية من خلال أنظمة الهوية المبنية على التكنولوجيا البلوكتشين، مما يضمن للأفراد الاحتفاظ بحقوقهم على بياناتهم الشخصية.

من خلال زيادة أمان وقابلية توافق بيانات المرضى، تمتلك تكنولوجيا البلوكتشين القدرة على تحويل قطاع الرعاية الصحية بشكل كامل. يمكن لمقدمي الرعاية الصحية ضمان نزاهة وسلامة البيانات الخاصة عن طريق تخزين سجلات المرضى بشكل آمن ومشاركتها على البلوكتشين. تجعل الحلول المبنية على التكنولوجيا البلوكتشين من الممكن لمقدمي الرعاية الصحية مشاركة البيانات بسهولة، مما يقلل من التكاليف الإدارية ويحسن نتائج المرضى. بالإضافة إلى ذلك، يمكن للأفراد أن يتحكموا أكثر في معلومات صحتهم من خلال منح وصولًا قائمًا على الموافقة لمحترفي الرعاية الطبية الخاصة أو الباحثين. يتم الحفاظ على سجلات المرضى بشكل لا يمكن تغييره وآمن بفضل مقاومة البلوكتشين للتلاعب، مما يحافظ على الخصوصية والثقة

تمتلك أنظمة التصويت المبنية على تكنولوجيا سلسلة الكتل القدرة على ثورة الديمقراطية الحكومة. يتم تحسين نزاهة وشفافية الانتخابات عن طريق تكنولوجيا سلسلة الكتل من خلال إنتاج سجل يمكن التدقيق فيه والذي لا يمكن التلاعب به

للأصوات. يتم رفع ثقة عملية الانتخابات بفضل الهيكل اللامركزي لسلسلة الكتل، الذي يزيل احتمالية الاحتيال والتلاعب. كما تمكن سلسلة الكتل الناخبين من التصويت عن بُعد بطريقة آمنة ومريحة، بغض النظر عن مكان وجودهم الجغرافي. الثبات والشفافية في أنظمة التصويت المبنية على تكنولوجيا سلسلة الكتل تشجع على السلوك الديمقراطي وتضمن نتائج دقيقة، معززةً بذلك أساس الحكم الديمقراطي.

إمكانية تكنولوجيا سلسلة الكتل لتغيير تمامًا العديد من الصناعات هائلة. ومع ذلك، هناك العديد من المشكلات والتحديات التي يجب مراعاتها قبل أن يتم اعتمادها على نطاق واسع

قابلية التوسع هي واحدة من المشاكل الرئيسية التي يجب أن تتعامل معها شبكات سلسلة الكتل، خاصة العامة. يصبح بلوغ توافق والاحتفاظ بنسخة كاملة من سلسلة الكتل على كل عقدة أمرًا يستغرق وقتًا وموارد أكثر كلما ازداد عدد المشاركين والمعاملات. يجعل هذا القيد من الصعب على شبكات سلسلة الكتل إدارة حجم كبير من المعاملات في الثانية، مما يقيد إمكانية توسيع طاقها. ومع ذلك، للتغلب على هذه القضايا المتعلقة بالتوسع، تجري أنشطة مستمرة للبحث والتطوير. تهدف حلول الطبقة الثانية مثل شبكة البرق للبيتكوين إلى جعل المعاملات أسرع وأكثر توسعًا من خلال نقل نسبة كبيرة من حجم المعاملات من سلسلة الكتل الرئيسية

آلية التوافق بموجب العمل البرهاني (PoW) التي يستخدمها بيتكوين وبعض العملات المشفرة الأخرى تستلزم كمية كبيرة من الطاقة الحسابية، مما يؤدي بدوره إلى استهلاك كمية كبيرة من الطاقة نتيجة لهذا الطابع الكثيف للاستهلاك الطاقي، هناك مخاوف بشأن كيفية تأثير تكنولوجيا البلوكشين على البيئة. استخدام الطاقة لتكنولوجيا البلوكشين يتزايد مع ارتفاع شعبيتها. يتم فحص عمليات التوافق البديلة لتقليل هذه المشكلة. بينما تسعى آليات البرهان بموجب الحصة (PoS) وغيرها من الخوارزميات الفعالة من حيث استهلاك الطاقة إلى تقليل الاحتياجات الحسابية الطاقية للتحقق من الصفقات، مع الحفاظ على أمان ونزاهة التكنولوجيا. تعتمد قابلية بقاء تكنولوجيا البلوكشين في المدى الطويل على إنشاء وتبني بدائل أخضر.

بهدف تحقيق الإمكانات الكاملة لتكنولوجيا البلوكشين، ما زالت التقبل التثقيف عقبتين رئيسيتين. على الرغم من الاهتمام الكبير في تكنولوجيا البلوكشين، إلا أن هناك فجوة معرفية تحتاج إلى أن تتم ملئها. تعتبر تكنولوجيا البلوكشين معقدة، يجد العديد من الأفراد الشركات صعوبة في فهم تفاصيلها المعقدة تطبيقاتها المحتملة. من أجل تمكين الأفراد المؤسسات من اعتناق تكنولوجيا البلوكشين استخدامها بنجاح، يتطلب الأمر برامج تعليمية املة تعا ن صناعي أ ات منصات سهلة الاستخدام

جاح بيتكوين، الذي يعتمد على تكنولوجيا البلوكشين، يمثل قوة تحولية تتج ز عالم العملات الرقمية. طبيعتها اللامركزية الشفافة الآمنة تفتح أفقًا جديدًا للابتك الكفاءة الثقة في عدة صناعات مختلفة. سيكون لتأثير تكنولوجيا البلوكشين تأثير يتج ز تطبيقاتها الحالية مع تطو ها الإضافي، حيث تحل مشكلات الق ة التوسعية استهلاك الطاقة التنظيم. من خلال اعتناق الإمك ات التحولية لتكنولوجيا البلوكشين، يمكننا التوجه حو الزمن الذي ستحدث فيه الأ ظمة غير المركزية ثو ة في مختلف قطاعات الاقتصاد، مما يمنح الناس قوة أكبر يعيد تعريف أسس الثقة في مجتمعنا العالمي. حلة التكنولوجيا البلوكشين قد بدأت فقط، لديها الق ة على تغيير جوهري في كيفية تص ا للعالم.

كيفيةتعدينالبتكوين

أول عملة رقمية في العالم، بيتكوين، قد لفتت انتباه الأفراد والمؤسسات على حد سواء. عملية التعدين، التي تتضمن حلاً لمشاكل رياضية معقدة لتحقيق صحة الصفقات وتأمين الشبكة، هي جوهرية لتطوير عمل بيتكوين. تستكشف هذه القسم ميكانيكيات وتاريخ وتأثيرات تعدين البيتكوين، وكيف تؤثر هذه العملية في الطابع اللامركزي للعملة الرقمية.

يعود تاريخ تعدين البيتكوين إلى الوراء في الورقة البيضاء الأصلية لبيتكوين التي قدمها ساتوشي ناكاموتو في عام 2008. كجزء حيوي من آلية التوافق لشبكة بيتكوين، قدم ناكاموتو فكرة التعدين. التحقق من صحة الصفقات وإضافتها إلى سلسلة الكتل، بالإضافة إلى إنشاء عملات بيتكوين جديدة للتداول، هما الوظيفتان الرئيسيتان لعملية التعدين.

آلية البرهان بالعمل (PoW) هي خوارزمية توافق تُستخدم في تعدين البيتكوين. تتطلب PoW من المعدّنين حلاً لألغاز رياضية تحوي تحديات حسابية للتصدي للمشغلين الخبيثين. يتم استخدام هذه الألغاز للتحقق من الصفقات وحماية الشبكة من التداخلات

تتم إعداد تجميع للصفقات المعلقة لبدء عملية التعدين. من خلال البحث عن قيمة تجزئة معينة تفي بمجموعة من المعايير المحددة مسبقًا، يتنافس المعدّنون لحل لغز تشفيري. هدف هذه الطريقة هو العثور على تجزئة أقل من قيمة هدف محددة مسبقًا من خلال تجزئة بيانات الكتلة بشكل متكرر باستخدام رقم عشوائي يسمى "nonce". يُمنح البتكوين الجديد المُخلَّق ورسوم الصفقات لأول معدن يجد تجزئة صحيحة. بعد ذلك، يتم بث الكتلة الجديدة إلى الشبكة، حيث يؤكد المعدّنون الآخرون شرعيتها ويبدأون في تعدين الكتلة التالية

لأداء الحسابات المعقدة المطلوبة لتحديد التجزئة الفائزة، يتطلب تعدين البيتكوين قدرة قوية من الأجهزة المعالجة وبرمجيات متخصصة. كان يمكن لمعدّني البتكوين الأوائل إكمال عملهم بنجاح باستخدام حاسوب عادي. لكن مع توسع الشبكة وزيادة مستوى التنافس، بدأ المعدّنون في استخدام تكنولوجيا تعدين أكثر فعالية، مثل وحدات معالجة

الرسومات (GPUs) في نهاية المطاف الدوائر المتكاملة ذات الاستخدام الخاص (ASICs).

يواجه المعدنون الفرديون صعوبة في العثور بانتظام على كتل الحصول على مكافآت بسبب ارتفاع صعوبة تنافسية التعدين. تم إنشاء حمامات التعدين كوسيلة للتغلب على ذلك، وهي شبكات تعاونية من المعدنين يجمعون موارد حوسبتهم لزيادة فرص نجاحهم في تعدين كتلة. يتم توزيع الجوائز بين الأعضاء وفقًا لقدرتهم الحاسوبية الجماعية عندما يكتشف أحد أعضاء الحمام كتلة. بهدف توفير توزيع أكثر إنصافًا للمكافآت مع الحفاظ على أمان استقرار الشبكة، أصبحت حمامات التعدين جزءًا أساسيًا من نظام التعدين.

يتضمن بروتوكول بيتكوين ميزة تعرف باسم تعديل صعوبة التعدين للحفاظ على وقت كتلة ثابت وتنظيم معدل إنتاج البتكوين الجديدة. من أجل الحفاظ على وتيرة إنتاج كتلة كل 10 دقائق، يتم تعديل الصعوبة كل 2016 كتلة، أو تقريبًا كل أسبوعين. تصبح التحدي أكثر تعقيدًا إذا تم تعدين الكتل بشكل أسرع من الفترة المخصصة. على العكس من ذلك، ينخفض مستوى الصعوبة إذا تم تعدين الكتل بشكل أبطأ للحفاظ على وقت الكتل المرغوب فيه.

بالإضافة إلى أنها ضرورية لأمان وظائف شبكة بيتكوين، يوفر التعدين أيضًا حوافز مالية للمعدنين. يتضمن "مكافأة الكتلة" الممنوحة للمعدنين بيتكوينات حديثة الإنشاء ورسوم الصفقات ذات الصلة. تُعين قيمة مكافأة الكتلة بدايةً عند 50 بيتكوينًا، ولكن يتم تقليلها إلى النصف كل أربع سنوات من خلال عملية تعرف باسم "التقسيم." تقليل مكافأة الكتلة وزيادة الصعوبة يجعل البيتكوين أكثر ندرة، مما يسهم في طابعها الديني.

تعتبر عملية تعدين البتكوين أمرًا ضروريًا للحفاظ على الهيكل اللامركزي والأمان للشبكة. تشكل القوة الحسابية اللازمة لتعدين الكتل دليلاً على استثمار المعدن في الشبكة، مما يثني عن الأنشطة الخبيثة. يضمن الطابع الموزع للتعدين أيضًا عدم إمكانية لكيان فردي السيطرة على معظم قوة حوسبة الشبكة، مما يحمي ضد الهجمات ويحافظ على نزاهة سلسلة الكتل.

مت المخا□ف المتعلقة بالتأثير البيئي□استهلاك الطاقة لتعدين البتكوين بالتزامن مع ا□تفاع □عبيتها□مستوى التنافس. جذبت أثر الكربون لعملية تعدين البتكوين الا□تقادات بسبب الحوسبات المكثفة للطاقة المطلوبة للتعدين، خاصة عند استخدام أجهزة ASICs غير فعّالة من حيث الطاقة. من المهم أن□تذكر أن تعدين البتكوين يستخدم كمية أقل بكثير من الطاقة مقا□□ة بالنظام المصرفي بأكمله، بما في ذلك مراكز البيا□ات □البنية التحتية الفعلية.

عملية تعدين البتكوين مرتبطة بشكل معقد بكفاءة□أمان □بكة البتكوين. يسمح بر□ف-أ□ف□□ك للمع□□ين بتأكيد الصفقات، □حماية الشبكة، □الحصول على مكافآت مالية عب□□ة عن بتكوينات حديثة الإ□شاء. تم تغيير منظر التعدين بفعل تطوير تكنولوجيا التعدين، □ظهو□ حمامات التعدين، □ا□خفاض مكافآت الكتل. حتى□في حين أن المخا□ف بشأن استهلاك الطاقة□البيئة لا تزال قائمة، إلا أن الأبحاث الحالية □التطو□ات التقنية تهدف إلى جعل عمليات التعدين أكثر كفاءة.

المبادئ اللامركزية التي تأسست عليها عملة الكريبتوكير□سي متجسدة في تعدين البيتكوين. يعزز الثقة، □يشجع على المش□□كة، □يضمن سلامة سلسلة الكتل. سيظل التعدين جزءًا حيويًا من □بكة البيتكوين مع توسعها□تغييرها، محركًا لابتكا□ النظام البيئي□مساهمًا في الإمكا□يات الثو□ية للعملات المشفرة

الفصل الثالث

فهم الخصائص الفريدة للبيتكوين

اللامركزية وتكنولوجيا الند للند

أسرت العملة المشفرة الأولى في العالم، البيتكوين، انتباه الأفراد والمؤسسات على حد سواء. اللامركزية وتكنولوجيا الند للند (P2P) هما مفهومان أساسيان يشكلان أساسًا للتطوير والعمل للبيتكوين. تعتبر هذه المبادئ التوجيهية البيتكوين مختلفة عن الأنظمة المالية التقليدية وتمنح المستخدمين حرية غير مسبوقة في تعاملاتهم المالية. يقوم هذا القسم بفحص فكرة اللامركزية واستخدام البيتكوين لتكنولوجيا الند للند، مؤكدًا أهميتها ومزاياها، وتأثيرها على البيئة المالية الأكبر.

الفكرة الرئيسية وراء البيتكوين هي اللامركزية، وهو مفهوم يتعارض مع المفهوم التقليدي للتحكم المركزي من قبل البنوك أو الهيئات الحكومية. النظام غير المركزي لا يتطلب سلطة مركزية لأن القوة واتخاذ القرار يتم توزيعها عبر شبكة من المشاركين. يتم حماية شبكة البيتكوين من التعتيم والتلاعب ونقاط الفشل الفردية بفضل هذا المبدأ التصميمي، مما يضمن أنه لا يوجد كيان واحد يمتلك السيطرة أو السلطة الكاملة عليها.

يتجلى اللامركزية في البيتكوين من خلال عدة ميزات هامة. أولًا، يعمل البيتكوين على شبكة الند للند (P2P) حيث يتواصل المستخدمون مع بعضهم مباشرة دون الحاجة إلى وسطاء. يتم إعلام الشبكة بالمعاملات، يقوم المنقبون بالتحقق منها، ثم يتم تحديث سلسلة الكتل. من خلال هندستها، P2P يمكن للمشاركين إجراء المعاملات مباشرة مع بعضهم البعض، معززين بذلك الكفاءة والتخلص من الحاجة إلى سلطة مركزية.

ثانيًا، تحتفظ عدة عقد موزعة حول الشبكة بسلسلة الكتل، هي الدفتر الموزع الذي يقوم على أساس البيتكوين. الحقيقة الواقعة في أن كل عقدة تحمل نسخة من سلسلة الكتل بأكملها تضمن الزيادة تجعل من الصعب على طرف احد التلاعب بالبيانات. الطابع الموزع للدفتر يعزز عدم قابلية التلاعب الأمان في عملية التحويل

أخيرًا، يستخدم البيتكوين آليات التوافق مثل دليل العمل (PoW) لضمان اتفاق مشاركي الشبكة تأكيد المعاملات. يتنافس المنقبون للعثور على حلول لألغاز رياضية صعبة كجزء من عملية التوافق، حيث يتم إضافة كتل جديدة إلى سلسلة الكتل تأمين الشبكة. تساعد آليات التوافق في بناء الثقة، منع التداول المزدوج، حماية نزاهة النظام غير المركزي.

للطبيعة اللامركزية للبيتكوين عدة مزايا هامة. أولاً، تمنح الأفراد السيطرة الاستقلالية على أموالهم. دون الاعتماد على وسطاء مثل البنوك أو مؤسسات أخرى، يتيح البيتكوين للأفراد التحكم الكامل في أموالهم. يمكن للمستخدمين إجراء معاملات تجارية مباشرة مع بعضهم البعض، تجنبًا الوسطاء التقليديين استفادة من الحكمة المالية الأكبر.

ثانيًا، يستطيع الجميع مراقبة تأكيد المعاملات بفضل شفافية سلسلة الكتل نظرًا لعدم قابلية التلاعب في سلسلة الكتل زيادة أمان الشبكة، يصعب على العملاء الخبيثين تغيير تاريخ المعاملات أو تنفيذ أفعال احتيالية. شفافية معاملات البيتكوين تعزز الثقة بين المستخدمين.

ثالثًا، نظرًا لأن شبكة البيتكوين لا تزال لامركزية، فإنها تقاوم محاولات الرقابة. يصبح من الصعب على أي منظمة أو حكومة إغلاق الشبكة أو السيطرة عليها، حيث لا يوجد سلطة مركزية أو نقطة تحكم واحدة. حتى في الأماكن التي تفتقر إلى أنظمة مالية متقدمة، تمكن هذه الخاصية الأفراد من إجراء معاملات مالية بحرية.

اللامركزية أيضًا تخلق فرصًا للتمويل التضامني عن طريق منح الأشخاص الذين يفتقرون إلى الخدمات المصرفية الذين لا يملكون حسابات مصرفية الوصول إلى الخدمات المالية. يمكن للأفراد المشاركة في شبكة البيتكوين تخزين القيمة إجراء

المعاملات دون الحاجة إلى حسابات مصرفية تقليدية باستخدام اتصال إنترنت أساسي. يتم تمكين الأفراد الذين تم استبعادهم من الأنظمة المالية التقليدية الآن من خلال تحقيق توسيع ديمقراطي للنظام المالي.

أخيرًا، تجعل الهيكلية اللامركزية للبيتكوين عمليات التحويل عبر الحدود بسيطة. في مقارنة مع أنظمة البنوك التقليدية، التي قد تفرض قيودًا أو رسومًا باهظة على المدفوعات الدولية، يمكن للبيتكوين تمكين التحويلات السريعة الميسرة، بغض النظر عن الحدود الجغرافية. قد يؤدي ذلك إلى تحول في عمليات التحويل المالي، تسهيل إجراء الأعمال على النطاق العالمي

كنولوجيا الند للند ضرورية لهيكلية البيتكوين اللامركزية، حيث تتيح التواصل المباشر بين المستخدمين. هي تتخلص من الحاجة إلى الوسطاء تمنح الأفراد مزيدًا من السيطرة على معاملاتهم المالية من أي وقت مضى. يستطيع المشاركون إجراء معاملات مباشرة باستخدام تكنولوجيا الند للند دون الاعتماد على سلطات مركزية أو مؤسسات مالية. تجعل هذه التكنولوجيا من الممكن الحفاظ على سجل سلسلة الكتل، والتحقق من المعاملات، ونقل الأموال بطريقة تعاونية غير قابلة للتلاعب.

تتمتع تكنولوجيا الند للند في البيتكوين ببعض المزايا الملحوظة. أولاً قبل كل شيء، تتخلص تكنولوجيا الند للند من الحاجة إلى الوسطاء، مما يقلل من احتمال الاحتيال والرقابة والتلاعب. تعزز المعاملات المباشرة بين المشاركين الشفافية تعزز الثقة في النظام المالي

ثانيًا، بالمقارنة مع الأنظمة المالية التقليدية، تعتبر المعاملات الند للند في البيتكوين أكثر كفاءة اقتصادية. يستطيع المشاركون تجنب التكاليف والتأخيرات والإجراءات البيروقراطية المرتبطة بالأنظمة المالية التقليدية عن طريق تجنب الوسطاء، مما يؤدي إلى إجراءات أسرع وأقل تكلفة. الكفاءة وفعالية التكلفة لديهما القدرة على تعزيز التمويل التضامني وزيادة وصول الأفراد المهمشين إلى الخدمات المالية.

ثالثًا، توفر معاملات البيتكوين الند للند مستوى معينًا من الخصوصية. يتم إخفاء هوية الأطراف المعنية بعناوين ألفانومرية، على الرغم من أن المعاملات شفافة وقابلة للتتبع

على سلسلة الكتل. يسمح مستوى الخصوصية الذي يوفره هذا الطابع شبه المجهول للأفراد بإجراء معاملات مالية.

علاوة على ذلك، تمنح تكنولوجيا الند للند في البيتكوين المستخدمين سيطرة كاملة على معاملاتهم المالية، مما يعزز قوتهم. إنها تقضي على الحاجة إلى الإذن أو الاعتماد على السلطات المركزية، مما يعزز التمويل التضامني للأفراد الذين قد لا يكون لديهم الوصول إلى خدمات البنوك التقليدية.

لديها تأثير كبير على المشهد المالي الأوسع. من خلال تمكين المعاملات المباشرة للند للند، يتحدى البيتكوين أولاً النموذج التقليدي للوسطاء الماليين. من خلال تحقيق ديمقراطية الخدمات المالية وتشجيع التعاون للند للند، يقلل من الاعتماد على البنوك والمؤسسات المالية الأخرى.

ثانيًا، يتحلى الأفراد بسيطرة غير مسبوقة على معاملاتهم المالية بفضل اللامركزية وتكنولوجيا الند للند. يستطيع المشاركون إجراء أعمالهم التجارية مباشرة مع بعضهم البعض دون أن يكونوا مقيدين بالقواعد التي وضعتها السلطات المركزية. يمكن للأفراد أن يتحكموا في حياتهم المالية بسبب هذه الاستقلالية.

ثالثًا، نظرًا لأن البيتكوين لامركزي، فإن النظام المالي أكثر متانة واستقرارًا. تقليل السلطة المركزية يقلل من احتمال حدوث فشل مأساوي ويضمن استمرارية المعاملات حتى في حالات الانقطاع أو الهجمات.

أخيرًا، تشجع اللامركزية على زيادة الأعمال والابتكار في القطاع المالي. يستطيع الأفراد إنتاج تطبيقات وخدمات وأدوات مالية جديدة كانت غير متاحة أو تخضع لتنظيم مفرط من خلال تقليل حواجز الدخول والاعتماد على الوسطاء.

اللامركزية وتكنولوجيا الند للند تحمل العديد من المزايا، لكنها تواجه أيضًا عيوبًا وتحديات. أولاً، يزداد التوسع بصعوبة مع زيادة شعبية البيتكوين. يمكن أن يتم تقييد إمكانية معالجة المعاملات في الشبكة بسبب الطابع اللامركزي للنظام، حيث يجب على

كل عقدة معالجة□تخزين كل معاملة. يتطلب التطوير التكنولوجي المستمر□البحث التكنولوجي التغلب على مشاكل التوسع□ضمان سلاسة عمل الشبكة مع تزايد حجمها.

ثا□يًا، آلية التوافق بدليل العمل (PoW) المستخدمة في تعدين البيتكوين تستهلك الكثير من المو□د الحسابية. أث□ ذلك مخا□ف حول كيفية تأثير استهلاك الطاقة للبيتكوين على البيئة. للتقليل من الأثر الكربو□ي لتعدين البيتكوين، يتم بذل جهود لبناء عمليات توافق بديلة تكون أكثر كفاءة في استهلاك الطاقة، مثل دليل الحصة .(PoS)

ثالثًا، تواجه الهيكلية اللامركزية للبيتكوين صعوبات في إط□ات التنظيم ال□لية. الحكومات□الهيئات التنظيمية تكافح من أجل العث□ على توازن بين تعزيز الابتك□ □حماية المستثمرين□المستهلكين. صنع التشريعات الفعالة للعملات المشفرة اللامركزية يتطلب النظر الدقيق□التعا□ن مع الأطراف المعنية

بالنسبة للأخيرة□لكن ليس آخراً، يأتي المزيد من المسؤ□لية الفردية مع الاستقلالية □التحكم التي توفرها عمليات اللامركزية□تكنولوجيا P2P. □ظرًا لعدم□جود سلطة مركزية لتقديم المساعدة في حالة الفقدان أ□ السرقة، يجب على المستخدمين تأمين مفاتيحهم الخاصة□اتخاذ الاحتياطات اللازمة لحماية أموالهم. لتز□يد الناس بالمعلومات □الأ□□ات التي يحتاج□ها للتنقل بنجاح في عالم اللامركزية، تعتبر الحملات التوعية □التثقيف ضر□□ية.

جوهر الخصائص الخاصة للبيتكوين يكمن في التكنولوجيا اللامركزية□□ظام P2P. يُحدث البيتكوين ثو□ة في طريقة تفكي□ا حول المعاملات المالية، حيث يتخلص من الحاجة إلى□سطاء□يمنح الأفراد قوةً أكبر. الاستقلالية□الشفافية□الأمان□الشمول المالي هي مزايا□ظام البيتكوين اللامركزي□تكنولوجيا P2P.□مع ذلك، يجب حلاً لمشاكل القابلية للتوسعة□استهلاك الطاقة□الأطُر القا□□ية□المسؤ□لية الفردية للمستخدم للاستفادة الكاملة من فوائد اللامركزية□تكنولوجيا P2P في البيتكوين. يكون فهم هذه المفاهيم□كيفية تأثيرها على المشهد المالي الكبير ضر□□يًا أثناء التنقل في المشهد المالي اللامركزي النا□ئ من أجل تحقيق الإمك□ات الكاملة للبيتكوين□التأثير في اتجاه المال في المستقبل.

أول عملة رقمية في العالم، البيتكوين، قد قلبت تمامًا كيف نفكر في المال والأنشطة المالية. الأمان والخصوصية هما جانبان أساسيان في مفهوم البيتكوين. تميز هذان الخصلتان البيتكوين عن الأنظمة المالية التقليدية، تمنح المستخدمين مزيدًا من التأثير على معاملاتهم المالية. يتناول هذا القسم أفكار الأمان والخصوصية فيما يتعلق بالبيتكوين، مركزًا على أهميتهما، فوائدهما، تأثيراتهما على المشهد المالي الكبير

أساس أمان البيتكوين يكمن في عدة عناصر حيوية تتفاعل معًا للحفاظ على موثوقية الشبكة، حماية أموال المستخدمين. أولاً، جانب رئيسي لضمان أمان المعاملات هو تطبيق مفاهيم التشفير. عناوين المفاتيح التشفيرية الفردية للمستخدمين، التي تعمل كهويتهم الرقمية على الشبكة، يتم إنشاؤها من خلال التشفير بالمفتاح العام. تُوقع المعاملات بواسطة مفاتيح خاصة يعلم عنها المستخدم فقط، مما يثبت الملكية. يتم ربط كتل السلسلة الرقمية بواسطة خوارزميات التجزئة التشفيرية، التي تحمي بيانات المعاملات، تجعل من الصعب تقريبًا تغيير تاريخ المعاملات

ثانيًا، يتحسن الأمان بفضل الطابع اللامركزي لشبكة البيتكوين. شبكة كبيرة من العقد توزع السلطة واتخاذ القرارات، مما يزيل إمكانية التلاعب أي نقطة فشل واحدة. نظرًا لأن هجومًا خبيثًا سيتطلب التلاعب بنسبة كبيرة من الشبكة ليكون ناجحًا، يقلل الهيكل اللامركزي من خطر الهجمات الخبيثة.

ثالثًا، الحفاظ على الأمان يعد وظيفة رئيسية لطريقة التوافق إثبات العمل (PoW) في البيتكوين. يتنافس المُعدِّنون باستخدام الكثير من قوة المعالجة والطاقة لحل الألغاز الرياضية الصعبة. من خلال هذه المنافسة، يتم التحقق من المعاملات وإضافتها إلى سلسلة الكتل بطريقة آمنة وموثوقة. بمساعدة هذه المنافسة، يتم التحقق من المعاملات وإضافتها إلى سلسلة الكتل بطريقة آمنة وموثوقة. ونظرًا لأن المشاركين يجب أن يستخدموا موارد فعلية لتعدين الكتل، تعمل تقنية التوافق PoW أيضًا على منع الإنفاق المزدوج.

أخيرًا، تحسين لاقتصادية البلوكشين يعزز الأمان. يصبح من الصعب جدا تغيير أو إزالة عملية مالية بمجرد كتابتها في البلوكشين كجزء من كتلة. يتم إنشاء سلسلة من الكتل المرتبطة بواسطة الوظيفة التشفيرية التي تربط كل كتلة بالكتلة السابقة. يجب تغيير وظيفة التشفير لكل كتلة وكل الكتل التالية لتغييرها، وهو أمر غير قابل للحساب بشكل حوسبي. تضمن لاقتصادية البلوكشين سلامة وشفافية العمليات المالية.

تستخدم عدة تقنيات توفر مستويات متفاوتة من السرية في بيتكوين لتحقيق الخصوصية. على الرغم من أن عمليات بيتكوين ليست مجهولة تمامًا، إلا أنها تمنح المستخدمين بعض قدر من الاستبطان. أولاً، بدلاً من استخدام هويات العالم الحقيقي، يتم ربط عمليات بيتكوين بعناوين تشفيرية. يستخدم المستخدمون عناوين ألفا رقمية متميزة أثناء التعامل، مما يجعل من الصعب ربط العمليات بشكل دقيق بأشخاص معينين ما لم يكشفوا عن هوياتهم بحرية

ثانيًا، تُمنح مستخدمي بيتكوين خيار إنشاء عدة عناوين، مما يضيف طبقة إضافية من الخصوصية. يصعب ربط العديد من العمليات بمستخدم واحد عندما تكون لكل عملية

عنوان مختلف. يعمل هذا الأسلوب على تحسين الخصوصية□تقليل احتمال تحليل العمليات.

ثالثًا، يمكن استخدام خدمات تخفيض القيمة أ□ الخلط لزيادة الخصوصية. تقوم هذه الخدمات بخلط العملات من عدة مستخدمين، مما يجعل من الصعب تحديد مص□□ الأموال أ□□جهتها. من خلال كسر الاتصال بشكل فعال بين المرسل□المستلم، يمكن لعملية الخلط زيادة الخصوصية.

□أخيرًا، تُدخل ميزات إضافية للخصوصية من خلال □بكة البرق،□ هي حلاً للتوسيع في الطبقة الثا□ية تعتمد على □بكة بيتكوين. يمكن للمستخدمين إجراء عمليات تنفيذ الدفع خا□ج السلسلة من خلال استخدام قنوات الدفع، مما يقلل من□ؤية العمليات على البلوكشين. تتوفر معاملات صغيرة□أكثر خصوصية بفضل هذه الطبقة الخصوصية.

تتمتع ميزات بيتكوين الفريدة من□وعها في الأمان□الخصوصية بعدة مزايا لكل من المستهلكين□النظام المالي. أ□لاً قبل كل □يء، تُمنح مستخدمي بيتكوين ملكية كاملة □سيطرة على أموالهم. يمكن للمستخدمين حمل□إد□ة بيتكوين الخاص بهم د□ن الحاجة إلى□سطاء بفضل المفاتيح التشفيرية المحمية. يتم القضاء على إمكا□ية تجميد الأموال أ□ استيلاء السلطات المركزية على الأموال بفضل هذه الملكية.

ثا□يًا، حقيقة أن عمليات بيتكوين تعتمد على التشفير تمنع تز□ير الأموال أ□ التلاعب بها. تُستخدم التواقيع التشفيرية لحماية العمليات، مثبتة الملكية□منع الوصول غير المرغوب فيه إلى الأموال. تكتسب □بكة بيتكوين المزيد من الثقة□الاعتماد بسبب هذه الوقاية من الاحتيال.

ثالثًا، من خلال فصل العمليات عن هويات العالم الحقيقي، توفر عمليات بيتكوين ق□ا معينًا من الخصوصية المالية. من أجل الحفاظ على خصوصيتهم المالية□تقليل خطر سرقة الهوية، يمكن للمستخدمين إجراء معاملات د□ن الكشف عن المعلومات الشخصية. تكون هذه الخصوصية مهمة خاصة في الأماكن التي تفرض تنظيمات مالية ص□مة أ□ عندما يرغب الأ□خاص في الحفاظ على استقلالهم المالي.

أخيرًا، نظرًا لأن بيتكوين مفتوحة ومقاومة للرقابة، لا يمكن حظر العمليات أو عكسها بشكل تعسفي من قبل الحكومة أو الوسطاء. يمكن للمستخدمين التعامل بحرية دون القلق بشأن الرقابة أو التدخل، مما يقدم ملاذًا آمنًا للأشخاص الذين يعيشون في مناطق سياسية خطرة.

في حين أن ميزات أمان وخصوصية بيتكوين لديها العديد من المزايا، هناك بعض الأشياء التي يجب مراعاتها وصعوبات يجب التغلب عليها. أولاً، من مسؤولية المستخدمين الفردية حماية المفاتيح الخاصة وحماية الأموال. يمكن فقدان الأموال بشكل دائم نتيجة لأخطاء مثل فقدان المفاتيح الخاصة أو الوقوع ضحية لعمليات الاحتيال عبر الإنترنت. يجب على المستخدمين أن يكونوا حذرين، ويتبعوا إجراءات آمنة، ويتابعوا أحدث ممارسات الأمان الجيدة.

ثانيًا، تشعر السلطات التشريعية بالقلق إزاء ميزات خصوصية بيتكوين. تتكبد الحكومات صعوبة في إيجاد توازن بين تعزيز الابتكار المالي ومعالجة المخاوف المحتملة التي تثيرها التقنيات التي تعزز الخصوصية. يصعب إيجاد تشريعات تعالج بفعالية قضايا مثل غسل الأموال وتمويل الإرهاب مع الحفاظ على مزايا الخصوصية.

ثالثًا، رغم أن عمليات بيتكوين تكون مجهولة، قد تكون الطرق المتقدمة للتحليل قادرة على ربط العمليات بهويات العالم الحقيقي. يمكن أن يؤدي استخدام التبادلات المركزية أو ربط البيانات الشخصية بعناوين بيتكوين إلى المساس بخصوصية العمليات المالية. تسلط هذه الصعوبات الضوء على الحاجة المستمرة للدراسة وإيجاد حلول تعزيز الخصوصية داخل نظام بيتكوين.

العناصر الأساسية في القيمة المميزة لبيتكوين تكمن في ميزاته من حيث الأمان والخصوصية. يوفر بيتكوين للمستخدمين تحكمًا فريدًا في معاملاتهم المالية مع الحفاظ على مستوى معين من الخصوصية بفضل المبادئ التشفيرية واللامركزية وتكنولوجيا تعزيز الخصوصية المبتكرة. ملكية وتحكم فائقين، حماية من الاحتيال، خصوصية مالية، ومقاومة للرقابة هي بعض المزايا للأمان والخصوصية في بيتكوين. لضمان الاستدامة الطويلة الأمد لتبني بيتكوين، يجب حل قضايا مثل مساءلة المستخدمين،

القلق التنظيمي، □تتبع العمليات. فهم□معالجة هذه القضايا سيكو□ان أمرين حاسمين لتمكين الحماية الكاملة□الخصوصية في بيتكوين، □تأثير مستقبل المال، □تمكين الأفراد في جميع□ا□حاء العالم أثناء تصدينا لتطو□ المشهد المالي الرقمي.

العرض المحدود والطبيعة التضخمية

أحدثت بيتكوين، أ□ل عملة□قمية في العالم، تغييرًا في كيفية التفكير البشري حول المال □الأ□شطة المالية. تبرز الإمداد المح□□د□الطابع التضخمي لبيتكوين بين خصائصها الفريدة. يقف الإمداد المح□□د□التصميم التضخمي لبيتكوين، على عكس العملات الو□قية التقليدية التي تعرض لضغوط التضخم، كفهم جديد لمفهوم الاحتفاظ بالقيمة □الاستقر□□ الاقتصادي. يستكشف هذا القسم أفك□□ الإمداد المح□□د□الطابع التضخمي لبيتكوين، مشددًا على أهميتهما□فوائدهما□تأثيراتهما على البيئة المالية الكبيرة.

هيكل بيتكوين الخو□□زمي هو ما يدفع باتجاه كميته المح□□دة. تم النظر بعناية في تحديد حد ثابت أثناء إ□شاء بيتكوين لضمان أن يكون هناك عدد مح□□د فقط من بيتكوين. يضمن الخو□□زمية أ□ه لن يكون هناك أكثر من 21 مليون بيتكوين في التد□□ل أبدًا. هذا الحد الثابت هو جزء أساسي من سياسة بيتكوين النقدية□يتم تضمينه في بر□توكول البلوكشين.

التعدين هو الوسيلة المستخدمة لتحقيق فكرة الإمداد المح□□د. يتنافس منقبو□بكة بيتكوين، الذين يتولون مسؤ□لية التحقق من الصفقات□حمايتها، لحل مشاكل الرياضيات الصعبة. يُمنح مقد□□ ثابت من بيتكوين الجديدة إلى المنقب أ□ مجموعة التعدين التي تحل المشكلة بنجاح. تشجيع□ظام المكافأة هذا يحث المنقبين على إسهام مو□□دهم المعالجة في الشبكة.

تم تعدين أكثر من 18.5 مليون بيتكوين حتى سبتمبر 2021، متبقية فقط 2.5 مليون لتكون منتجة. تضمن تشديد ت□□يجي لعملية التعدين مع مر□□ الوقت تدفقًا متحكمًا □قابلاً للتنبؤ للبيتكوين الجديدة في التد□□ل.

الكمية المحد□دة لبيتكوين لها عدة مزايا جذابة□آفاق استثنائية لكل من مستخدميها □للبيئة المالية الكبيرة.

أ□لاً، يتم زيادة إمك□ية بيتكوين كمخزن للقيمة بفضل إمدادها المحد□د. يضمن□□ة بيتكوين أن قيمتها لا تتناقص مع مر□□ الوقت، على عكس العملات الو□قية، التي تتعرض لضغوط التضخم الناتجة عن سياسات البنوك المركزية□تيجةً لهذه الميزة، ف□ها خيا□ مرغوب للأ□خاص الذين يبحثون عن حماية ثر□تهم□الوقاية من مخا□ف التضخم

ثا□يًا، هناك □□جة من الاستقر□□ الاقتصادي□□اتجة عن الإمداد المحد□د للبيتكوين. تمنع بيتكوين الإ□تاج التعسفي للنقود الجديدة التي يمكن أن تشوه الأسواق□تقلل من قوة الشراء عن طريق□جود جد□ل زمني محدد للإمداد. يشجع إدخال بيتكوين التد□يجي لنقود جديدة على استقر□□ الأسع□□ عن طريق تقليل الا□تفاع أ□ الا□خفاض المفاجئ للأسع□□ الذي يمكن أن يعطل الأ□ظمة الاقتصادية.

□أخيرًا، يتمتع المستخدمون بالثقة□الاعتماد على بيتكوين بسبب توفره المحد□د. يقلل الجد□ل الزمني المتوقع للإمداد من احتمال زيادات مفاجئة في الكمية النقدية، مما يمكن أن يؤثر على الثقة في العملات الو□قية التقليدية. علا□ة على ذلك، يمكن للمستخدمين التحقق من إجمالي الإمداد للبيتكوين□متابعة حركتها بفضل □فافية□قابلية الفحص لسلسلة الكتل الخاصة بالبيتكوين، مما يعزز الثقة.

الطابع التضخمي لبيتكوين ينتج من إمدادها المحد□د□زيادة الطلب. قيمة كل بيتكوين لديها الق□□ة على الا□تفاع مع مر□□ الوقت طالما كان هناك طلب متزايد عليها□إمداد ثابت. ضمن□ظام بيتكوين، تقدم هذه الدينامية التضخمية فوائد□صعوبات على حد سواء.

بطريقة أ□ بأخرى، يتيح الطابع التضخمي لبيتكوين فرص استثم□□ية□تكهنية. يتزايد الدافع لشراء□الاحتفاظ بالبيتكوين كاستثم□□ طويل الأمد عندما يتوقع الشخص زيادة قيمتها في المستقبل، مما يدعم توسع□سيولة سوق البيتكوين□□ظرًا لهذه الميزة، يُعتبر بيتكوين خيا□ا مرغوبًا للأ□خاص الذين يبحثون عن□مو□أس المال المستقبلي.

علاوةً على ذلك، يعزز الطابع التضخمي لبيتكوين قدرتها على خدمة كمخزن للقيمة. قد يقرر الأشخاص الذين يرغبون في حماية أموالهم من ضغوط التضخم أن يكون لديهم بيتكوينات في الأمل بأن قيمتها سترتفع مع مرور الوقت. يوفر هذا البديل للأصول المالية التقليدية حماية ضد التشوه.

مع ذلك، يعرض الطابع التضخمي لبيتكوين أيضًا صعوبات. بسبب الإمداد المحدود والطلب المتزايد، هناك فرصة لتقلب الأسعار. على الرغم من أن الارتفاع في القيمة قد يكون مفيدًا للمستثمرين، إلا أنه يزيد أيضًا من تقلب السوق، مما يجعل بيتكوين استثمارًا عالي المخاطر للغاية. قد يتردد بعض الأشخاص عن استخدام البيتكوين كمخزن للقيمة أو وسيلة للتبادل بسبب تقلبات الأسعار المفاجئة.

نظرًا لأن بيتكوين هي عملة تضخمية، تطرأ صعوبات أخرى عند قبولها على نطاق واسع كوسيلة للتبادل في المعاملات اليومية. قد يكون الناس أقل عرضة لإنفاق البيتكوين عندما ترتفع قيمتها وأكثر عرضة للاحتفاظ بأصولهم. قد يؤثر هذا السلوك على سيولة وسرعة الأموال داخل نظام بيتكوين.

يطرح الطابع التضخمي لبيتكوين قضايا اقتصادية يجب حلها من أجل ضمان اعتمادها واستدامتها على المدى الطويل.

أولاً وقبل كل شيء، يُعتبر الاستقرار في الأسعار أمرًا ضروريًا لأي عملة تعمل كوسيلة موثوقة للتبادل. على الرغم من أن الطابع التضخمي لبيتكوين قد يقيد استخدامها كعملة للمعاملات، يتم بذل جهود لإيجاد حلول تقلل من التقلب. من خلال ربط قيم العملات المشفرة بالعملات الورقية التقليدية، تسعى مشاريع العملات المستقرة إلى توفير الاستقرار مع الاستفادة من مزايا تكنولوجيا سلسلة الكتل.

ثانيًا، يتأثر تبني استخدام بيتكوين كعملة بشكل كبير بقابليتها للتوسع. يجب أن تكون شبكة بيتكوين قادرة على التعامل بكفاءة وبتكلفة منخفضة مع زيادة حجم المعاملات مع ارتفاع الطلب. لزيادة القابلية للتوسع وضمان أن يمكن لبيتكوين دعم استخدام أوسع، يتم إجراء بحوث وتطوير تقنيات مستمرة.

تعتبر الخصائص الفريدة لبيتكوين كعملة رقمية ومتجر للقيمة نتيجة لإمدادها المحدود وطابعها التضخمي. بسبب العدد المحدد للبيتكوين المتاحة، يتم حماية قيمة كل عملة من التضخم، مما يوفر للمستخدمين وسيلة لتأمين الحفاظ على رأس المال الخاص بهم. في حين أن الجانب التضخمي يخلق فرص استثمار وتخزين للقيمة، إلا أنه يحمل أيضًا صعوبات بما في ذلك التقلب والتبني كعملة متسعة القبول.

لكي يظل بيتكوين قابلًا للاستمرار على المدى الطويل ويتم دمجه بشكل كامل في النظام المالي الأوسع، فإنه من الأساسي أن نجد توازناً بين مزايا عيوب إمداده المحدود وطابعه التضخمي. فهم ومعالجة هذه العوامل الاقتصادية سيساعدان في تحديد مكانة بيتكوين في مستقبل الأموال المالية ويمنحان المستخدمين المزيد من السيطرة على مستقبلهم المالي بما يتطور ويبتكر. يمكننا أن نفتح أفقًا جديدًا غير تصورنا للقيمة واستقرار الاقتصاد في العصر الرقمي عندما نستقبل إمداد بيتكوين المحدود وطابعه التضخمي

القابلية للنقل والقابلية للتبادل

مع خصائصه الفريدة، غيّرت أول عملة رقمية، بيتكوين، الصناعة المالية بشكل كامل. تبرز القابلية للنقل والقابلية للتبادل كخصائص حاسمة تميّز بيتكوين عن الأنظمة المالية التقليدية. يجعل القابلية للنقل لدى بيتكوين إمكانية إجراء معاملات دولية بسلاسة، وتضمن القابلية للتبادل أن لدى كل بيتكوين قيمة متساوية ويمكن استبداله. تستكشف هذه الفقرة أفكار القابلية للنقل والقابلية للتبادل فيما يتعلق ببيتكوين، مؤكدة أهميتها ومزاياها وتداعياتها على النظام المالي الأوسع.

تنتج قابلية نقل بيتكوين عن طبيعته الرقمية، مما يتيح للأشخاص نقل العملة دون صعوبة عبر الحدود والمناطق الزمنية. بوصفها عملة إلكترونية لامركزية، تكون بيتكوين قابلة للنقل بشكل كبير ومتاحة لأي شخص لديه اتصال بالإنترنت لأنه يمكن الوصول إليها واستخدامها عبر الإنترنت.

إحدى أهم مزايا بيتكوين هي إمكانية الوصول إليها في جميع أنحاء العالم. بدون الحاجة إلى وسطاء أو مؤسسات مالية تقليدية، يمكن للأفراد إجراء معاملات وتحويل القيمة

عبر الحدود. توفر قابلية نقل بيتكوين بديلاً فعالاً من حيث التكلفة وفعالية للشبكات المالية التقليدية لإرسال الأموال إلى أفراد العائلة في الخارج أو إجراء أعمال تجارية عبر القارات.

الطابع اللحظي القريب للمعاملات في البيتكوين هو فائدة أخرى للنقل. بغض النظر عن المسافة بين المرسل والمتلقى، يمكن إتمام معاملات البيتكوين في غضون دقائق، على عكس الأنظمة المصرفية التقليدية. يتيح سرعة وكفاءة البيتكوين للنقل السلس للمعاملات الدولية.

علاوة على ذلك، لا تؤثر مناطق الزمن أو ساعات العمل المصرفية على قابلية نقل البيتكوين. يمكن لمستخدمي البيتكوين القيام بالمعاملات في أي وقت، بغض النظر عن مكان تواجدهم في العالم، حيث إنها شبكة لامركزية تعمل على مدار 7/24. من خلال تمكين الأشخاص من إجراء المعاملات المالية في أي وقت وأي مكان، تعزز هذه القابلية الوصولية بشكل إضافي قابلية نقل البيتكوين.

خاصية مهمة للبيتكوين، وهي القابلية للتبادل، تضمن استبدالية كل وحدة. وفقًا لتعريف القابلية للتبادل في سياق البيتكوين، تكون لكل بيتكوين قيمة متساوية مع كل بيتكوين آخر، بغض النظر عن تاريخ المعاملات الخاصة بها. تعتمد قدرة البيتكوين على خدمة وسيط للتبادل وتخزين القيمة على هذه الجودة.

قابلية استبدال البيتكوين هي واحدة من خصائصه الأساسية للقابلية للتبادل. بغض النظر عن أصلها أو تاريخ معاملاتها، يُعتبر كل بيتكوين متساويًا مع كل بيتكوين آخر. يُعتبر كل بيتكوين متساويًا مع كل بيتكوين آخر، بغض النظر عن كيفية الحصول عليها ـ سواء من خلال التعدين، أو شرائها من بورصة، أو أن تكون قد تم منحها لك في معاملة. نتيجة لذلك، يمكن للمستخدمين إجراء المعاملات دون القلق بشأن الأصل أو التاريخ الخاص بالبيتكوين التي يمتلكونها، مما يعزز استخدامها كوسائل تبادل.

بالإضافة إلى ذلك، يتجاهل تبادل البيتكوين تاريخ المعاملات التي تشمل بيتكوينات محددة. على عكس العناصر النادرة أو القطع الجمعية، فإن قيمة البيتكوين لا تتأثر بصاحبها السابق أو المعاملات التي شاركت فيها. تعزز هذه السمة الخصوصية وسرية

معاملات البيتكوين، لأن استخدام أي قيمة بيتكوين معين لا يتأثر بماضيه. يمكن للمستخدمين إجراء المعاملات دون القلق بشأن قابلية تتبع أموالهم، لأنه تتم توفير كمية معينة من السرية.

إن فوائد نتائج قابلية تحويل البيتكوين وقابليته للتبادل على الفرد والنظام المالي الكبير كثيرة. تشمل الإدماج المالي واحدة من المزايا الهامة لقابلية تحويل البيتكوين. يمكن للأشخاص الذين يفتقرون إلى الوصول إلى الخدمات المصرفية أو الذين يعانون من خدمات مصرفية غير كافية المشاركة في الاقتصاد العالمي بفضل إمكانية الوصول العالمية والحاجز المنخفض للدخول إلى البيتكوين. يمكن للأفراد الوصول إلى الخدمات المالية وإجراء المعاملات وتخزين الثروة دون الاعتماد على البنية التحتية المصرفية التقليدية بمجرد وجود اتصال بالإنترنت ومحفظة رقمية.

تجعل قابلية تحويل البيتكوين العمليات المالية الدولية أسهل أيضًا. يمكن إجراء التحويلات الدولية بسرعة وبتكلفة منخفضة باستخدام البيتكوين لأنه لا يوجد حاجة إلى وسطاء مثل البنوك أو شركات التحويل. ونتيجة لذلك، يصبح من السهل إرسال الأموال إلى الخارج، وإجراء أعمال تجارية على الصعيدين الوطني والدولي، والمشاركة في العمليات المالية.

تعزز الطبيعة التبادلية للبيتكوين أمان وسرية المعاملات. لا يؤثر تاريخ المعاملات الخاصة بالبيتكوينات المحددة على قيمتها أو فائدتها لأن كل بيتكوين له نفس القيمة ككل بيتكوين آخر. من خلال تجنب تتبع البيتكوينات المحددة وربطها بهويات فردية، تحمي هذه السمة خصوصية المستخدمين. بالإضافة إلى ذلك، تزيد من الأمان من خلال خفض إمكانية التعرض لهجمات مستهدفة أو التحيز استنادًا إلى تاريخ عملات معينة.

في حين أن قابلية تحويل البيتكوين وقابليته للتبادل لديها العديد من المزايا، هناك أيضًا أشياء يجب أن تؤخذ في اعتبار وصعوبات يجب حلها. إحدى الصعوبات التي تعترضها الانفتاح اللامركزية في البيتكوين هي تطوير أطر تنظيمية. من أجل حماية المستهلكين، ومنع غسيل الأموال، ودعم الابتكار في نظام البيتكوين، تعمل الحكومات

الهيئات التنظيمية على تحقيق توازن. إنه تحدي مستمر لوضع أطر تنظيمية فعالة تضمن الامتثال دون كبح الابتكار.

جانب آخر من قابلية تحويل البيتكوين هو التوسعية. يجب معالجة قابلية توسع شبكة البيتكوين لضمان إجراء معاملات سريعة وميسرة عندما يزداد عدد المستخدمين والمعاملات. يتمركز البحث والتطوير المستمر على تعزيز قابلية التوسع لتلبية احتياجات قاعدة مستخدمين تتسع على نطاق واسع.

لقد غيرت السمات الأساسية لقابلية تحويل البيتكوين وقابليته للتبادل تمامًا كيف نرى وكيف نجري المعاملات المالية. الطابع الرقمي للبيتكوين يوفر إتاحة على مدار الساعة، معاملات فورية تقريبًا، وإمكانية الوصول العالمية، مما يعزز قابليته للتحويل والكفاءة. يعتبر البيتكوين وسيط تجاري موثوق ومتجر للقيمة بسبب قابليته للتبادل، مما يضمن أن لكل بيتكوين قيمة متساوية وأنه قابل للتبديل.

تتضمن فوائد قابلية تحويل البيتكوين وقابليته للتبادل زيادة كفاءة الاقتصاد، وتسريع المعاملات المالية، وتحسين الخصوصية والأمان، والمشاركة المالية. لضمان بقاء البيتكوين على المدى الطويل وشعبيته، يجب حل قضايا الأطر التنظيمية وقابلية التوسع.

فهم واستغلال الخصائص الخاصة لقابلية تحويل البيتكوين وقابليته للتبادل سيكون أمرًا أساسيًا مع استمرار تطور البيتكوين وتأثيره على مستقبل الأموال المالية. من خلال اعتماد هذه الخصائص، يمكن للأفراد والمنظمات فتح آفاق جديدة، وتعزيز التوسع الاقتصادي، وتحول كيفية تفاعلنا مع المال في عصر الرقمية. قابلية تحويل البيتكوين وقابليته للتبادل تفتح الطريق إلى نظام مالي أكثر تنوعًا، فعالية، وأمانًا.

الفصل الرابع

كيفية شراء وتخزين واستخدام البيتكوين

شراء البيتكوين

كعملة رقمية لامركزية، جذب البيتكوين، أول عملة رقمية، الكثير من الاهتمام. يبحث الناس بشكل متزايد عن وسائل لشراء هذا الشكل المبتكر للعملة الرقمية مع ازدياد الاهتمام به. يسعى هذا القسم إلى تقديم نظرة شاملة حول شراء البيتكوين، مغطيًا استراتيجيات مختلفة، منصات، أشياء يجب أن يتم الانتباه إليها، المخاطر المحتملة المتضمنة.

تعتبر منصات تداول البيتكوين الرئيسية هي منصات البيتكوين. تسهل هذه المنصات الإلكترونية على الناس البدء في استخدام العملات المشفرة عن طريق السماح لهم بتداول البيتكوين مقابل العملات التقليدية. على الرغم من أن ميزات ووظائف المنصات قد تختلف، إلا أنها غالبًا ما تقدم بيئة آمنة ومريحة لشراء البيتكوين.

هناك العديد من الأمور التي يجب أن تؤخذ في اعتبارك عند اختيار منصة بيتكوين. قبل كل شيء، تمثل مصداقية وأمان المنصة أمورًا أساسية. اختر منصات موثوقة لديها الكثير من التعليقات الإيجابية من قبل المستخدمين. في عالم العملات المشفرة، يعتبر ضمان أمان أموالك أمرًا حيويًا.

ثانيًا، من الأمور الحيوية اتباع اللوائح. اختر المنصات التي تلتزم بالقوانين السارية، وتتبع متطلبات "تعرف على عميلك (KYC) ومكافحة غسيل الأموال (AML).

الامتثال للوائح يوفر طبقة إضافية من الأمان يساعد في منع الأنشطة الإجرامية داخل نظام العملات المشفرة.

عامل حاسم يجب أن يؤخذ في اعتبارك هو السيولة. زيادة السيولة تجعل من الممكن شراء أو بيع البيتكوين في أي وقت دون تحمل تغييرات كبيرة في الأسعار. يتيح الوصول إلى السوق بشكل أفضل جعل المعاملات أكثر سلاسة.

بالمثل، انظر إلى هيكل رسوم التبادل. تختلف التبادلات في رسوم المعاملات ورسوم الإيداع/السحب وأي تكاليف أخرى ذات صلة. يمكنك اختيار منصة تتمتع بأسعار تنافسية من خلال مقارنة الرسوم.

هناك العديد من الطرق لشراء البيتكوين، كل واحدة تلبي احتياجات وتفضيلات مختلفة.

تقبل العديد من منصات بيتكوين بطاقات الائتمان/الخصم على مستوى العالم، مما يتيح للمستهلكين شراء البيتكوين على الفور. على الرغم من أن هذا أكثر راحة من خيارات الدفع الأخرى، إلا أنه يمكن أن يكون له تكاليف أكبر.

يمكن شراء البيتكوين بأمان وبتكلفة معقولة من خلال التحويلات المصرفية. يحق للمستخدمين بدء عملية تحويل من حسابهم المصرفي إلى التبادل. يمكن أن تستغرق هذه العملية بضعة أيام. بالمقارنة مع عمليات شراء بواسطة بطاقة الائتمان/الخصم، تكون رسوم التحويل المصرفي غالبًا أقل.

ترتبط منصات التبادل ندًا إلى ند (P2P) بين المشترين والبائعين مباشرة، مما يتيح لأي شخص تداول البيتكوين دون وسطاء، لأولئك الذين يبحثون عن معاملات أكثر مباشرة. توفر هذه المنصات تشكيلة أوسع من وسائل الدفع وقد تفرض رسومًا أقل.

من المهم وضع تدابير أمان مناسبة بعد شراء البيتكوين لحماية أصولك الرقمية.

أنشئ محفظة رقمية آمنة يمكنك فيها حفظ البيتكوين الخاصة بك. هناك نوعان من المحافظ: المحافظ البرمجية (تطبيقات سطح المكتب أو الهاتف المحمول) والمحافظ

العتادية (أجهزة فيزيائية تحفظ مفاتيحك الخاصة بشكل غير متصل). اختر محفظة بناءً على أبحاثك حول الأنواع المختلفة المتاحة وتفضيلاتك للأمان.

قم بتفعيل التحقق المزدوج (2FA) لمحفظتك الرقمية وحساب التبادل الخاص بك. من خلال طلب خطوة تحقق ثانية، مثل إرسال رمز خاص إلى جهازك المحمول، للوصول إلى حسابك أو بدء المعاملات، يوفر 2FA طبقة إضافية من الحماية.

قم بإعداد نسخ احتياطية من عبارات الاستعادة أو المفاتيح الخاصة بمحفظتك. حافظ على هذه النسخ الاحتياطية في أماكن آمنة، تفضل أن تكون غير متصلة بالإنترنت أو في تخزين مشفر. إن وجود نسخ احتياطية يضمن أنه يمكنك استرداد البيتكوين الخاصة بك في حالة فقدان الجهاز أو حدوث عطل فيه.

عند شراء البيتكوين، يجب أن يتم اعتبار العديد من العوامل والمخاطر.

نظرًا لأن قيم البيتكوين غير مستقرة بشكل معروف، يمكن أن تتغير قيمتها بشكل جذري في غضون دقائق. قبل الاستثمار في البيتكوين، كن على علم بتغيرات السعر وخذ في اعتبارك تحمل المخاطر الخاص بك

ابق على اطلاع على الأطر التنظيمية المحلية للعملات المشفرة. يمكن أن تتأثر عمليات شراء وحيازة وبيع البيتكوين بالتشريعات، وقد يكون عدم الامتثال لها له عواقب قانونية.

تقدم الطبيعة اللامركزية الرقمية للبيتكوين مخاطر أمان فريدة. تجنب البرامج الضارة، وعمليات الاحتيال الإلكتروني، والتكتيكات الأخرى التي قد تعرض مفاتيحك الخاصة أو بياناتك الشخصية للتهديد. كن حذرًا من التهديدات واستخدم إجراءات أمان قوية لحماية بيتكويناتك.

يوفر شراء البيتكوين فرصًا للوصول إلى عالم العملات الرقمية. يمكن للأشخاص شراء البيتكوين بشكل آمن وآمن عن طريق اختيار منصة بيتكوين موثوقة، وفهم وسائل الدفع المقبولة، وتنفيذ التدابير الأمنية الصحيحة. مع ذلك، فإنه من الحيوي أن يتم

اعتبا□ المخاطر□الصعوبات التي تطرأ□تيجة لتقلب أسعا□ البيتكوين،□المشهد القا□و□ي،□ضر□□ة تبني إجراءات أمان قوية.

تصبح عملية □راء البيتكوين أكثر بساطة□سهولة مع استمرا□ تطو□ البيتكوين □ا□تش□□ □عبيته على□طاق□اسع. يمكن للأ□خاص التفا□ض بنجاح على الطريق للحصول على البيتكوين□المشا□كة في عالم العملات الرقمية الثو□ي من خلال البقاء على اطلاع،□مما□سة الحذ□،□تبني أفضل الممل□سات.

المحافظ وخيارات التخزين

كعملة□قمية□امركزية،□حقق البيتكوين،□أ□ لعملة مشفرة،□قبولًا عالميًا .
معزيادة عدد الأ□خاص الذين يشتر□□□ البيتكوين،□يُعتبر النظر في الإدا□ة تخزين هذه الأصول الرقمية بشكلآمن أمرًا هامًا .
الطريقة الرئيسية لتخزينو الوصول إلى البيتكوين يهيمن من خلال المحفظة البيتكوين، التي تتقدم مجمو عةم □الخيا□ات المريحة□الآمنة .

يسعى هذا القسم إلى استكشاف مختلف محافظ البيتكوين وحلول التخزين، مسلطًا الضوء على خصائصها □ مزاياها□ المخاطر المحتملة.

تُطلق على الأد□ ات الرقمية المسماة محافظ البيتكوين، السماح للمستخدمين بتخزين و إد□ ق□ إجراء مع املات بيتكويناتهم .

تُخز□ مفاتيح الخصوصية اللازمة للوصول و الموافقة على المعاملات على الشبكة البيتكوين بشكلآمن في هذه المحافظ . من المهم فهم أ□ و اع المحافظ المختلفة إذا كنت تر غب في حماية بيتكويناتك بنجاح.

تُثب□ إل□ ال التطبيقات التي تُثبت على أجهزة الكمبيوتر الشخصية أ□ الهواتف النقالة أ□ أجهزة الكمبيوتر الر قمية الأخرى بأ□ ها محافظ بر مجية أ□ محافظ رقمية .

تجعلنا السهل على المستهلكين□ سالو استقبال و تخزين أصو لهم الر قمية مع تو فير إمك□ ية الوصول ال سهلة إل□ البيتكوين . المحافظ السطحية□ المحافظ النقالة هيفئات إضافية للمحافظ البر مجية.

تُثبت على أجهزة الكمبيوتر الشخصية أ□ الكمبيوتر المحمول، تمنح محافظ السطحية العملاء السيط □ ة الكاملة على مفاتيحهم الخاصة□ استقلالية في اد□ ة بيتكويناتهم .

على الر غم ممت□ هاتو فر مستو ع العٍ من الأمان ، يجب على المستخدمين ضم□ أم□ أجهزتهم و اتخاذ تدابير أ□ م□ للحماية من النفير□ سا تو محل□ لا تالاختراق.

المحافظ النقالة هيو سيلة مريحة□ قابلة للنقل للإد□ ة البيتكويناتأثناء التنقل .
تمتصميمها الهو اتف الذكية□ الأجهزة اللوحية .
ل□ ها تمنح المستخدمين إمك□ ية استخدام رموز الاستجابة السريعة (QR) أ□ تقنية الاتصال القريب (NFC) لإجراء معاملات البيتكوين .
المحافظ النقالة عملية للمعاملات الر□ تينية □ لكن يحتاج المستخدمو□ ال□ اتخاذ تدابير أم□ للحماية م □ وصول غير مر غوب فيها إل□ أجهزتهم

يمكن تخزين البيتكوينات بشكلآمن على أجهزة فيزيائية تُعر فباسم محافظ العتاد .
تقدمهذ ه المحافظ طر يقة لتخزين البي□ ات بما في ذلك المفاتيح الخاصة بشكل غير متصل عبر الإ□ تر□ ت، م مايحميها من أي مخاطر عبر الإ□ تر□ ت .
□ ظر اً ل□ ه يجب الموافقة على المعاملات بو ساطة تفا عل فيزيائي، توفر محافظ العتاد مستوى أعلى من الأم ان .

يمكن للمستخدمين أ شا ع تو قيع المعاملات على جهاز هم، مما يضمن عدم مغا ة المفاتيح الخاصة بي تكوين بيئة أمان محافظ العتاد .

تيجة لذلك، يقلل هذا بشكل كبير من فر ص التعر ض للبر امج الضا ة الهجمات عبر الإ ت ت التي قد تؤثر عل المفاتيح الخاصة .

يتطلبو جود سخة فيزيائية للمفاتيح الخاصة العامة المتصلة بعنوا بيتكوين لمحافظ الو ق .
عادةً ما يُحفظ هذ ه المفاتيح في مكا آمن ويتم طبا عتها على و ق أ سيلة مادية أخرى .
توفر محافظ الو ق حماية ضد هجمات القرصنة تقدم بدائل لتخزين غير متصلة بالإ ت ت .
طالما تم إعداد محفظة الو ق بشكل صحيح و اتخذت التدابير اللازمة لتجنب الفقد أ التلف، تو فر مس تو ع عالٍ من الأمان.

تُشير محافظ الويب أ المحافظ المستضافة، المعر فة أيضًا بالمحافظ العلا الإ ت ت، إلى المحافظ ال تي تقدمها مز في الخدمة الخا جيين و التي تحتفظ بالمفاتيح الخاصة للمستخدمين على خوادم بعيدة .
ظرًا أ ه يمكن الوصو ل إليها من أي جهاز يتصل بالإ ت ت، توفر هذه المحافظ سهولة الوصو ل و الاس تخدام معذلك، تشكل أيضًا مخاطر أم كبيرة ظرًا أ مقدم الخدمة يحتفظ بالمفاتيح الخاصة .
يجعل المستخدمين أ يبحثو ا بعناية يختا ا امز دينمو ثو في نلمحافظ الإ ت ت التأكد من استخد ام ميزا ت أما قوية مثل التشفير المصادقة متعددة العوامل.

يجب أ يكو الأما هو الاعتبا الأساسي عند اختيا محفظة البيتكوين وحلاً للتخزين .
افكر في العوامل التالية المتعلقة بالأمان:

تأكد من أ كتمتلك السيطرة الكاملة على مفاتيحك الخاصة .
استخدام المحافظ التي تمنحك الوصو ل الوحيد إلى المفاتيح الخاصة تتيح لك تو قيع المعاملات بشكل م ستقل ضر ي .
يكو خطر السرقة أ الوصو ل غير المصر ح بها أعلى في المحافظ التي يمتلك مقدم الخدمة صولاً إلى الم فاتيح الخاصة .

إذا ك ذلك متاحًا، قم بتمكين التحقق المزد ج (2FA) على محفظتك .
من خلال الطلب خطو ة تحقق ث ا ية، مثلا سا لر مز خاص بالجهاز كالمحمول، للوصو ل لمحفظتك ا المو

فقة على المعاملات، يضيف 2FA طبقة إضافية من الأمان .
حتى إذا تم تسريب كلمة المر□□ ، يساعد هذا في منع الوصول لغير القا□ ف□ ي .

قم بعمل نسخ احتياطية لعبا□ ات الاستعادة أ□ المفاتيح الخاصة بمحفظتك بشكل منتظم .
يجب الاحتفاظ بهذ□ ه النسخ الاحتياطية بشكل آمن في أماكن متعددة ، تفضلًا تكو□ غير متصلة بالإ□ تر□ تأ□
فيتخزينمشفر . يضمنذلكاسترداد بيتكويناتك في حالة فقد□ الجهاز أ□ السرقة أ□ عطلا الأجهزة .

كن على د□ اية بالتحديثاتو التصحيحات الأم□ ية لمحفظتك المخت□ □ □ قم بتطبيقها فو□ ا .
تقوم هذ□ ه الترقيا□ تغالبًا بإصلاح الثغر ا□ تو تحسينالأم□ العاملل لمحفظة .
تحديثبر□ امجالمحفظة□ يقللمناحتمالالاستغلالهامنقبلا□ لأطر افالخبيثة .

لحماية البيتكويناتوضم□ إد□ تها الآمنة ، تعدمحافظالبيتكوينو حلو لا للتخزينأمرًا ضر□ □ يًا .
يمكنللأفر اد اختيا□ المحفظة التيتناسبتفضيلا تهم من حيثالأم□ والراحةمنخلالالو عيبالأ□ واعالم
ختلفةللمحافظ، بمافيذلكالمحافظالبرمجية□ محافظالعتاد□ محافظالو□ ق□ محافظالإ□ تر□ ت .

عندإد□ ةالبيتكوين ، يجب أ□ تحظالتدابير الأم□ ية بأقصى أ□ لويةمعزيادة□ عبية البيتكوين .
الإجر اءاتالأساسية التيتعزز أم□ البيتكوينتشملالسيطرة على المفاتيحالخاصة□ التحققالمز□
ج□ النسخالاحتياطيالمتكر□ □ تحديثالبر□ امج .

يمكنللأفر اد تخزينبيتكويناتهمبثق□ القيامبالصي□ □ إجراءالمعاملاتبثقة ، فيحينيتمتقليلالمخا
طر المتعلقةبتخزينالأصو لالر قمية عبر اتباعأفضلالمم□ ساتو اختيا□ المحافظوخيا□ اتالتخزين
المناسبة .
للاستفادةالكاملةمنالبيتكوينو المش□ كةفيعالمالعملاتالمشفرةالثو□ ي ، منالضر□□ يحماية أ
صولكالر قمية

المعاملاتبيتكوين

غيرتالعملةالمشفرةالأ□ لى ، البيتكوين ، تمامًاكيفنفكر فيالمعاملات .
تتيحالبيتكويناالمعاملاتالر قمية□ ظيرلنظير□□ الحاجةإلالوسطاءمثلالبنوك ، حيثتعتمد على لشبكة
لامركزية .

تهدفهذ هالفقر ةإلفحصتعقيد اتمعاملاتالبيتكوين ،مستعرضةالآلياتالأساسية □ الفوائد □ ال
صعوبات □ التد □ لاتالماليةالمستقبلية.

الوحداتالأساسيةالتيتشكلشبكةالبيتكوينهيالمعاملات .
تتضمنتبادلالملكية □ القيمة □بينعنا □ ينالبيتكوين .
يُسجلكلمعاملة علىسلسلةالكتل □ هيدفتر الحساباتالعامو غير قابللللتغيير الذييعملكسجللكلمعام
لةبيتكوين.

تتألفالمعاملةالبيتكوينية الأساسيةمنثلاثةأجزاء □ ئيسية □ هيالمدخلاتو المخرجاتو □ سومالمعا
ملة.

يُش □ إلمصد □ البيتكوينا تالمتبادلةباسمالمدخل .
يُعرفالمدخلفيمعاملةبيتكوينبالإ □ □ ةإلمعاملاتالسابقةالتيتحصلفيها الش □ سعلبيتكوينات .
يُستخدمالتوقيعالر مزيللإفر اجعنالمدخلاتو تحديدملكيةالبيتكويناتالمستخدمة.

المخرجاتتُمثلالوجهة النهائيةللبيتكويناتالتيتمإ □ سالها .
يتمتحديدكلمنكميةالبيتكويناتالتيتم □ سالها □ عنوا □ البيتكويناتالخاصبالمستلمفيكلمخرج .
يجبأ □ يكو □ لدىالمستلمالمفتاحالخاصالمقابلللبيتكنمي □ فاقالبيتكويناتالتيتماستلامهافيمخرجمع
ين.

غالبًاماي دفعالمر سلرسو مًامتو اضعةفيمعاملاتالبيتكوينلتشجيعالعُمَّا لعلتضمينالمعاملةفيكتل
ة.
تكو □ أ □ قاتالتأكيدالأسر عنتيجة عادةلرسومالمعاملةالأ علنلأ □ العُمَّاليُعطو □ الأ □ لويةللمعاملاتذا
تالرسومالعالية.

قبلأ □ تُعتبر معاملةالبيتكوينر سمية ،يجبأ □ تخضع □ لألعمليةالتحققو التأكيد.

تتممر اجعةكلمعاملةللتأكدمن □ المدخلاتالمستخدمةهيشر عية □ أ □ المرسللديهحقو قالملكيةالم
□ اسبة .
يقو مأ □ عقابالشبكةالبيتكوينبإجراء هذاالتحققعنطر يقمقا □ ةالمعاملةبق □ اداتالبر □ توكول.

تُضافالمعاملةإلىالسلسلةالكتلوتوضعفيكتلةبمجردالتحققمنها .

منأجلالتحققمنالمعاملاتوإضافتهاإلىالكتل،يتنافسالعُمَّال،الذينيساهموبالطاقةالحاسوبيةفي الشبكة،لحلمشكلاترياضيةصعبة .

تصبحالمعاملةأكثرأمًاًلاجعيةكلماحصلتعلىالمزيدمنعملياتالتأكيد .

بالمقاةمعأظمةالبنوكالتقليدية،تتمتعمعاملاتالبيتكوينبعدةمزايا .

ظرًالأمعاملاتالبيتكوينتتحدثعلىالشبكةلامركزية،لاحاجةلوجودوسطاءمثلالبنوك .

يضمنهذاالتموزجاللامركزيمزيدًامنالشفافية،ممايقللأيضًامنالتبعيةتجاهالمؤسساتالمركزي ةيتيحالمعاملاتالمباررةمنننظيرإلىنظير .

خاصةًعندمقاتهابتحويلاتالأموالاللية التقليدية التيتقدتستغرقعدةأيام،يمكناتمامممعاملات البيتكوينبسرعة .

بغضالنظرعنالقيودالجغرافية،يتيحالطابعالعالميلشبكةالبيتكوينإجراءمعاملاتسلسةتقريب أفوية .

فيالمقاةمعوسائلالدفعالتقليدية،تتميزمعاملاتالبيتكوينغالبًابرسومتحويلأقل .

تكورسومالمعاملةفيكثيرمنالأحياأخصمنتلكالتييفرضهاالوسطاءالماليوالتقليديون،علىا لرغمممنهاقدتتغيربناءعلىازدحامالشبكةأسبابأخرى .

تأتيمعاملاتالبيتكوينمعصعوباتوقيود .

كاتقدةبكةالبيتكوينعلىالتوسعنقطةقاش،حيثتواجهالتحدياتفيالتعاملمعحجمعالمنالمعام لاتكلماتفعتأعدادها .

منخلالالسماحباالمعاملاتخاجالسلسلة،تسعحلومثلشبكةالبرقإلىالتغلبعلىمشاكلالالتوسع .

قدتواجهالمعاملاتصعوباتبسببتقلبأسعاالبيتكوين،خاصةًإذاكاهناكتأخيرطويلبينبدايةالمعا ملةتأكيدها .قديتأثرالقيمةالتحويليةالنهائيةبفاقالأسعاالناتجعنتقلبقيمةالبيتكوين .

تُثاعتباتلمعاملاتالبيتكوينمنمنقبلالتغيراتفيالبيئةالتنظيميةالمحيطةبالعملاتالمشفرة .

تختلفالإداتفيمختلفالسلطاتفيمدىالامتثاللقوانينمكافحةغسلالأموال (AML) معرفةالعميل،(KYC) مماقديؤثرعلىمدىسهولةاستخدامالبيتكوينللمعاملات

المعاملاتعلىشبكةالبيتكوينلهاتأثيركبيرعلىاتجاهاالأمو□المالية .

التمويلالمالي .
يتيحللسك□ غير المصر فيينو المصر فيينبشكلكبير كافيحو لالعالمالوصو لإلىالخدماتالماليةبفضلم
عاملاتالبيتكوين .
يشجعالبيتكو ينعلىالتمو يلالماليو يمنحالأفر ادمز يدًامنالتحكمفيحياتهمالماليةمنخلالالإمكا□ يةال
تعاملرقميًا□□ الحاجة إلىحساببنكيتقليدي .

الإزالةالوسيطية .
منخلالالتخلصمنالوسطاء□ تمكينالمعاملاتالمبا□ رةمننظير إلىنظير ،تضعمعاملاتالبيتكو ينالن
ظامالماليالتقليديتحتضغط .
قدتؤديهذاالإزالةالوسيطيةلتكلفةأقلو كفاءةأكبر□ استقلالماليأعظملألأفر اد□ الشركات .

استخدامتكنولوجياالبلوكشين .
البلوكشين،سجلالمركزيو غير قابللللتغيير ، هو المك□ الذييُسجلفيهمعاملاتالبيتكوين .
بالإضافة إلىالعملاتالمشفرة،يتوفر لتكنولوجياالبلوكشينالكثيرمنالفو ائدالمحتملةفياد□ ةسل
سلةالتو□ ي□ التحققمنالهوية□ العقودالذكية .
يمكن□ تحسنتطبيقتكنولوجياالبلوكشينعبر مجمو عةمنالصنا عاتبشكلكبيرسر عة□ أم□ المعاملا
ت .

لقدتغير تطر يقةتفكير ناin التبادلالر قمينتيجةًلمعاملاتالبيتكوين .
تقدممعاملاتالبيتكو ينبديلاًقويًاألأ□ ظمةالبنو كالتقليديةبسببطبيعتها□ اللامر كزية□ سر عتها□ كف
اءتها□ تكلفتهاالأقل .
□ معذلك،يجبحلالقضايا□ التوسع□ التقلب□ السياقاتالتنظيميةمنأجلالاستفادة الكاملةمنمعاملا
تالبيتكوين.

تكو□ الآثا□ علىمستقبلالأمو□ الماليةكبير ةمعتطو ير البيتكوينو تكنولوجياالبلوكشين .
تمكنمعاملاتالبيتكو ينمنالتمو يلالمالي□ التيتقضيأيضًا علىالحاجةللوسطاء التقليديينو تفتحال
بابأماماستخداماتإبدا عيةلتكنولوجياالبلوكشين .
قدينجمعنا عتناقالفر صالتيتقدمهامعاملاتالبيتكو يننظاممالياًأكثر□ مولًا□ فعاليةً□ لامركزية.

استخدام البيتكوين لشراء السلع والخدمات

العملة المشفرة الأولى، البيتكوين، قد أثرت الكثير من الاهتمام كمتجر للقيمة ووسيلة للتبادل فيما يتعلق بالسلع والخدمات .

يتناول هذا القسم مجموعة متزايدة في استخدام البيتكوين كوسيلة للدفع، مع التفحص في فوائد ها مقابل وسائل الدفع المعتمدة، العيوب، التأثيرات المحتملة المستقبلية على التجارة .

البيتكوين يخيل من غو بلإجراء المعاملات الرقمية بسبب هيكلها اللامركزي وأمانها التشفيري . البيتكوين يحظى بقبول أوسع كوسيلة دفع من التجار، العملاء، مما يخلق فرصًا جديدة للتجارة عبر الإنترنت .

عند استخدام البيتكوين للدفع السلع والخدمات، يتمتع بالعديد من الفوائد، منها:

البيتكوين يجعل من الممكن إجراء معاملات مباشرة بين الأفراد، الحاجة إلى الوسطاء مثل البنوك أو معالجي الدفع . تزيد هذه اللامركزية من التحكم في المعاملات المالية وتقلل تكاليفها . القيام بالمعاملات مباشرة بين الأفراد يعزز الخصوصية ويقضي على الحاجة الثقة في الطرف الثالث .

البيتكوين يتجا□ز الحد□د الوطني□ يسمح بالتجا□ة الد□لية □□ استخدام المؤسسات المصرفية الت□ قليدية أ□ تحويل العملات .

هذه ها لوصو لية التي تجعل من السهل لإجراء الأعمال التجا□ية □□ ليًا تمنح المستهلكين و الشركات ا لوصو ل لأسوا ق جديدة .

البيتكوين يعزز الشمو ل المالي من خلال جعله ممكنًا للأ□□ خاص في المناطق التي تخدم بشكل غير كاف فيشتر كو افي الاقتصاد العالمي

مق□□ ة بين معاملات البيتكوين و□ سائل الدفع ال تقليدية أظهر ت أ□ ها عادةً ماتكو□ أسر ع و أكثر كفاءة .
يمكن تحقيق التسوية الفو□ ية تقر يبًا بسبب استخدا م خوا□ زميات التشفير□ الطابع اللامر كزي للشبكة ال بيتكوين ، ممايقضي على التأخير الذي يتر تب علالتحويلات المصر فية التقليدية .
هذه الكفاء ة□ السر عة مفيدة بشكل خاص في القالتجا□ ة عبر الإ□ تر□ ت ، حيثتعتبر المعاملات السريع ة أمرًا أساسيًا.

بالمق□□ ة مع طر ق الدفع ال تقليدية ، غالبًا ماتكو□ معاملات البيتكوين ذا ترسو م مخفضة ، خاصة بالنس بة للمشتريات ال د□ لية .
□□ظرًا لعدم وجو د□ سطاء □ لأ□ الشبكة لامر كزية ، تنخفض النفقات ، ممايفيد المستهلكين و الشركا ت علحدسواء .
يستطيع التجا□ تقديم أسعا□ أكثر تنافسية □□ ق لأيو فو□ ا تف في التكاليف العملائه معندمايتم تخفيض رسو م المعاملات.

علالر غم من وجو د العديد من المز ايا في استخدا م البيتكوين للسلع و الخدمات ، إلا أ□ هناك بعض الصعوبا توا الأمو□ التي يجب مر اعاتها:

تقدم تقلبات سعر البيتكوين تحديات لتلك من العملا□ الشركات .
قديكو□ من الصعب تقدير القيمة الدقيقة للسلع و الخدما تفيو قت المعاملة بسبب التقلب في قيمة البيتكوين ، مماقديؤ ديالتباين في الأسعا□ .
قديقر□ التجا□ تقليل هذا الخطر عن طر يق تحويل البيتكوين المستلم إلالعملة الو□ قية علالفو□ لتجنب الخسائر المحتملة

علىالرغممنزيادةعددالأعمالالتيتقبلالبيتكوين،إلاأ□هاتمثلعدداًصغيراًمقا□□ةبوسائلالدفعالأ خرى .تعتمدقبولالبيتكوينواستخدامهبشكلواسعفيالتجا□ةالعاديةعلىاعتمادالتجا□ .

توسيعقبولالتجا□ بنا□ظامبيئيقوييتطلبالتغلبعلىعقباتتشملالتكاملالتقنيومخا□ فالتقلباتوالام تثالالتنظيمي.

لتعزيزقبولأ□سع،يجبتبسيطوتسهيلواجهةالمستخدملاستخدامالبيتكوينفيالمعاملاتوجعلها صديقةللمستخدم .

ستتحسنتجربةالمستخدمإذاتمتبسيطإجراءاتإ□شاءمحافظالبيتكوينو□سالالأموالوالتأكدمن أما□المعاملات .

يمكنأ□يزيداستخدامنتجاتو□اجهاتسهلةالاستخداممنثقة□توجيهالمستهلكين.

تشكلالمشكلةفياستخدامالبيتكوينفيالتجا□ةهيالتغيرالمستمرفيالبيئةالتنظيميةالمحيطةبالعم لاتالمشفرة .يمكنأ□يختلفمدىاتباعمتطلباتمكافحةغسيلالأموال (AML)□معرفةالعميل (KYC)بينالسلطات□يمكنأ□يكو□لهاتأثيرعلىسهولةإجراءمعاملاتباستخدامالبيتكوين .
يمكنتحقيقزيادةفيقبولوثقةالبيتكوينكآليةدفعمنخلالتوحيدالأطُرالتنظيمية□تعزيزالشفافية

مستقبلالتجا□ةسيتأثربشكلكبيرباستخدامالبيتكوينللسلعوالخدمات:

يمنحالبيتكوينالأ□خاصالذينليسلديهمحساباتبنكيةأ□حساباتبنكيةغيركافيةالوصولإلىالخدما تالماليةعلىمستوىعالمي .
يشجعالبيتكوينعلىالشمولالماليويمنحالأفرادمزيداًمنالسيطرةعلىحياتهمالماليةمنخلالإمكان يةالتعاملرقمياً□□الحاجةإلىحسابينكيتقليدي .
يمكنأ□يعززهذاالتضمينالتوسعالاقتصاديويقللمنالتفا□تات.

يمكنأ□يحدثالبيتكوينثو□ةفيالتجا□ةالد□ليةبسبباستخدامهالعالميوقد□تهعلىإجراءمعاملاتعبر الحد□د□□استخدامنظمالبنوكالحاليةأ□تحويلالعملات .
□□هيزيلالحواجز□يسهلعملياتالتبادل□يمنحالشركاتالوصولإلىأسواقجديدة .
باستخدامالبيتكوين،يمكنللأفرا□الشركاتإجراءأعمالتجا□يةعبرالحد□د،ممايزيدمنالفرصو يعززالتكاملالاقتصادي.

تقنية الند للند مثلا البيتكوين تضع الوسطاء الماليين التقليديين مثل البنوك و معالجي الدفع على المحك .

يعزز البيتكوين فعالية التجا□ة من خلال السماح بالمعاملات المبا□رة بين المش□ كين، مما يقلل من الاع
تماد على الوسطاء □ يقلل من التكاليف .

قد يؤدي هذا التخلص من الوسطاء إلى زيادة في الكفاءة المالية □ الاستقلال للشر كات و العملاء على حد سوا
ء .

تقدم التكنولوجيا في قطاع البنوك قد □ هد تتحفيزًا بفضل استخدام البيتكوين كوسيلة دفع .

□ □ اء العملات المشفرة، تحمل تكنولوجيا البلوك تشين الأساسية فوائد محتملة في □ادة □ سلسلة التو□
يد □ التحقق من الهوية الرقمية □ تمويل اللامركزية .

يمكن□ تحدث هذ ه التطو□ ات ثو□ة في المما□ سات التجا□ ية الحالية□ تحسين الأما□ و الكفاءة□ الشفافية .

بفضل فوائد ها فيما يتعلق باللامركزية□ الوصول و السر عة□ تكاليف المعاملات المنخفضة، أصبح اس
تخدام البيتكوين للسلع و الخدمات أكثر□ يو عًا .

□ □ غموض و صعوبات تشمل تقلب الأسعا□ □ اعتماد التجا□□ تجربة المستخدم و امتثال التنظيم، إلا□ الآ
ثا□ المحتملة على التجا□ ة هي ذا ت أهمية كبيرة .

من المهم معالجة هذ ه القضايا حيث يتطو□ البيتكوين و العملات الرقمية الأخر□ لخلق بيئة تشجع الناس ت
خدامه□ قبولها على نطاق واسع .

البيتكوين لديها القد□ ة على□ يحدث ثو□ ة في كيفية □ صول الناس إلى الخدمات المالية□ تمكين التجا□ ة العا
بر ة للحد□ د□ التخلص من حاجة الوسطاء المؤسسيين□ تحفيز التقدم التكنولوجي .

البيتكوين لديها القد□ ة على تحويل طبيعة التجا□ ة الدولية، مما يمكن الأفرا□ و الشر كات من الابتكا□ التعا
□ □ المستمر.

الفصل الخامس

اقتصاديات البيتكوين

البيتكوين كاستثمار

العملة المشفرة الأولى، البيتكوين، قد جذبت الكثير من الاهتمام كفرصة استثمار مثيرة كعملة قم
ية .

يُستكشف في هذا القسم ميكانيكيات البيتكوين كاستثمار، إلجا بأدائها التا يخي ، عوامل تحديد قيمته،
عوامل الخطر ، تد لات هك فئة أصلية جديدة.

استمر□ مس□ البيتكو ين□استثم□ يتسبب□التقلب□الاستثنائيو□النمو السعري□الملحوظ .
خضع□البيتكو ين□لعدة□□□ ات□ تفا عو□ خفاض□منذ إطلاق□ه□في□عام
2009،□ملفتًا□ تبا ه□المستثمر ين□في□جميع□□ حاء□العالم .

قبل□عام
2013،□حينما□ هد□ تفا عسعر هالأ لالكبير□ تجا□ ز قيمة□الد□ لا□ الواحد□الفد□ لا□ ،كا□ يتمتد□ لا
لبيتكو ينبجز عصغير منالسنتو ظلثابتًا سبيًا .
كما أظهر سعر البيتكو ين□تقلبًا عاليًا، حيث□تحدث□تتغيير اتكبير ة□في□السعر□بشكل□مفاجئ .
كا□ تنقطة□تحو ل□ملحوظة هي□□ تفا عأسعا□ البيتكو ين□في□عام
2017،□حيث□و صل□تبا لأ علمستو ب□لها عل□الإطلاق□بأكثر من 20,000 □ لا□ قبلأ□ تتصحح□نفسها

قيمة□البيتكو ينو جاذبيتها□كاستثم□ تتأثر بعدة عو املها□مة .
أ□ لأ□ قبلكلشي ء،□يُعتبر أحد العناصر الأساسية□فيمقتر حالقيمة□للبيتكو ين□هو العرضالمح□ د .
□ ظر الأ□ العددالإجمالي□للبيتكو ين□محد□ دإلى 21
مليو□ بيتكوين، يو جد إحساسبالن□ ة الرقمية□مشابه□للمعا□ الثمينة□مثلالذ هب .
قدتر تفعالأسعا□□ تيجةً□للعر ضالمقي□ الطلبالمتزايد .

ثا□ يًا، تؤثر اعتماد□الشبكة□ قاعدة المستخدمين□للبيتكو ين□علىقيمته .
تزيدفعالية□ قيمة□البيتكو ين□كعملة□ قمية□ أصلما□اليمعقبو لالمزيدمنالأفرا□ المؤسساتو الشركا
تله . تحسينالشبكة□يعزز أ□ ها□ سيولتها□ مقتر حالقيمة□الإجمالي ،ممايسهمفير بطإيجابي.

أخيرًا، يتأثر بشكلكبير ديناميا□سعر البيتكو ين□بمشاعر السوقو النشاطالتكهني .
يمكنأ□ تنتجمشاعر إيجابية□بسببالأخبا□ الجيدة□ التغيير اتالتنظيمية□ قبو لالمؤسسات□ اتجاه
اتالسوق ،ممايزيدمنالطلبو ير فعالأسعا□ .
منناحية أخرى ،يمكنأ□ تشجعالأخبا□ غير المواتية أ□ الأفعالالحكومية علىمشاعر سلبية□ تسبيف
يتصحيحالأسعا□ .

يجبعلىالمستثمر ينأ□ ينظر□ ابعناية□فيالمخاطر المتر تبة□قبلالقيامباستثم□ فيالبيتكوين .
أ□ لأ□ قبلكلشي ء،□يُعتبر سمتقب□ ز ة□للبيتكو ين□قدتسبيمكاسبأ□ خسائر كبيرة□هيتقلبسعره .
□ ظر الأ□ التغيير اتالحادة□فيالسعر□يمكنأ□ تحدثبسر عة، يحملاستثم□ البيتكو ين□مخاطر ة عالية□لك

□ بإمكا□ه تحقيق عوائد هائلة .

يُنصح بأ□ يكو□ المستثمر□□□ جاهزين للتغيير ات في الأسعا□□□ الخسائر المحتملة عل□ المد□ القصير

ثا□يًا، هناك لايز□ الهناك عدم يقينو تغيير محتمل في البيئة التنظيمية المحيطة بالعملا□ المشفرة .

يمكن أ□ تؤثر الأعما□ التنظيمية ، مثل القيود أ□ الحظر أ□ التنظيما□ تغير الودية ، عل□ قيمة□□□ ر□ عية الا□ ستثما□ في البيتكوين .

يجب عل□ المستثمرينمر اقبة التغيير ات التنظيمية□ النظر فيكيف يمكن أ□ تؤثر عل□ خطط الاستثما□ الخا□ ص□ بهم.

في المرتبة الثالثة ، هناك مخاطر أم□□ مرتبطة بامتلاكو استخدام البيتكوين للمعاملات .

يمكنسرقة أصو□ البيتكوينأ□ تدمير ها□ تيجة للهجماتالإلكتر□□□ ية□□ حوادثالاختراق□ فقد□□ المفا□ تيحالخاصة .

لتقليلهذ هالمخاطر ، يجب عل□ المستثمرينا ستخدام تدابير أم□□ قوية ، مثلا ستخدام محافظآمنة□□□ ضعنظماحتياطية□ تخزينمناسبة.

□□ إدخالالبيتكوينكفئة أصو□ للهتدا عياتكبيرة عل□ القطا عالماليوبيئة الاستثما□□ .

أ□□ لاً قبلكلشيء ، يمكن□أ□ يساعدالبيتكوينفيتنويعمحافظالاستثما□ التقليدية .

□ هإضافةمر غوبة لمحفظة استثما□□ يةمتنو عة بسبب□ تباطها المنخفضمعالأصو□ التقليدية .

يمكن□ أ□ تحسنإضافةالبيتكوينالمحفظة العائد اتبالنسبة للمخاطر□□ تقليلالتقلبالكلي.

ثا□يًا، تجعلالهيكلةاللامركزية□ العرضالمحد□ دللبيتكوينمنهااستثما□□ امحتملاًكوسيلةلحماية ا□ تضخم .

قديحثالمستثمر□□□ عنمتاجر قيمبديلة□ تيجةلقر□□ اتالسياسة النقديةالتيتتخذ هاالبنوكالمركزية □ ضغوطالتضخم .

بالنسبةللمستثمرينالذينيشعر□□□ بالقلقمنتأثير اتالتضخم ، يجعلالعرضالمحد□ د□ الطبيعةاللامر كزيةللبيتكوينمنهخيا□ استثما□□ يأجذابًا

ثالثًا، ينطوي شراءالبيتكوينعلىالمش□ كةفيثو□ ةتكنولوجية□ فرصةمالية .

بعيدًا عنالقطا عالمالي ، تمتلكتكنولوجيا البلوكشينالأساسيةالق□ ةعلتحويلالعديدمنالصناعاتا لأخرى .

الأمو□ مثلالتمويلاللامركزي □ العقود الذكية□ الهوياتالرقمية أصبحتممكنةبفضلظهو□ البيت
كوينكفئةاستثما□ .

تميز تطو□ البيتكوينكأصلاستثما□ بالتقلب □ النمو □ الاهتمامالمتز ايدمنقبلالمؤسسات .
يتأثر مقتر حالقيمةلهذاالأصلكاستثما□ بمعو قاتمثلالإمداد المح□ د □ اتخاذ الشبكة □ الطابعالت
كهني .
يجب□ أير اَعبعناية المخاطر المتعلقةبالبيتكوين،مثلتقلبالأسعا□ □ عدماليقينالتنظيمي□ تهديدا
تالأم□ السيبر□ ي،منقبلالمستثمرين.

ظهو□ البيتكوينكفئةأصو لجديدةلهتأثير اتكبيرة علبيئةالاستثما□ .
□هيوفر إمكا□ يةتنويعالمحفظة □ حمايةضدالتضخم□ المش□ كةفيالتقدمالتكنولوجي .
منالمرجحأ□ يزدادأهمية البيتكوينكأصلاستثما□ معتطو□ السوقوتغير الأطر القا□ وية .

للاستثما□ فيالبيتكوين ،يجبعلىالشخصأ□ يمتلكفهمًا عميقًاللمايجعلهخاصًا□ ممايإدا□ ةمسؤ ولية
تدامةللمخاطر ،□ أ□ يكو□ لديهنظرة طويلةالأمد .
يمكنللمستثمري□ أ□ يش□ كوا□ بمافيهذ هالثو□ ةالرقمية□ يكتشفو االفو ائدالمحتملةلهذ هالفئةالن
□ ئةمنالأصو لمنخلالالتنقلفيالفر صو المخاطر المر تبطةبالبيتكوين.

البيتكوينكمتجرللقيمة

أصبحتالعملةالمشفر ةالأ□ لى،البيتكوين،فئةأصو لمثير ةللإعجابتُشككفيفكر ةمتجر للقيمة .
تستكشفهذ هالقسمفكر ةاستخدامالبيتكوينكمتجر للقيمةمنخلالالنظر إلخصائصها□ الأداءالتا
□ يخي□ العوامل الأساسية للقيمة□ التشابهاتمعمتاجر القيمةالتقليدية□ عواقبظهو□ البيتكو
ينكذهبرقمي

بسببخصائصهالمميزة ،جذبالبيتكوينا هتمامًاكمتجر محتملللقيمة .معإمداد هالمح□ دإلى 21
مليو□ عملة،يستندا قتر احقيمةالبيتكوينبشكلأساسيعلىالن□ رة ،علىغر ا□ الن□ رةالموجودةفيالسل
عالثمينةمثلالذ هب .

□ ظر اً للن□ رتهالمحددةمسبقًا مقا□ متهللضغطالتضخمي ،يعدمر غوبًاكمتجر للقيمة .
علا□ ةعلىذلك ،تضمناللامركزية فيالبيتكوينأ□ يعملعلىشبكةخالية منأيتحكملسلطةمركزية ،مما

يعزز قابليته و لا تغييره .

البيتكوين هو متجر آمن للثروة بفضلا الاحتياطات الأمنية المتخذة باستخدام الخوارزميات التشفيرية
وتكنولوجيا البلوكشين الأساسية .

أخيرًا، يتيح إمكانية الوصول إلى البيتكوين للأفراد الاحتفاظ بالقيمة قلها قميا الحاجة إلى الوسطاء، متجاوزًا الحواجز الجغرافية ممن عين الحسابات المصرفية غير هم ممنو حينلهم إمكانية الوصول إلى النظام المالي.

هد أداء البيتكوين متجر للقيمة تقلبًا كبيرًا موا اسعريًا ملحوظًا .

أينا في السنوات الأولى للبيتكوين نشاطت لو تقلب سعر يقليل .

مع ذلك، مع زيادة الاهتمام، بدأ سعر البيتكوين في الا تفاع، جاذبًا المستثمرين الذين يبحثو عن متجر لقيمة خل جالًا ظمة المالية التقليدية .

علم دتا يخه، أظهر سعر البيتكوين تقلبًا ملحوظًا، مع تقلبات سريعة في الأسعا تصحيحات كبيرة في الأسعا .

أظهر البيتكوين تقديرًا طويلا الأمد، متفوقًا عل متاجر القيمة التقليدية مثلا الذهبو الأسهم علمر الزم علا الر غم من التقلبات القصيرة الأمد.

تتأثر قيمة البيتكوين كمتجر للقيمة بعدة جوا بهامة .

العامل الحاسم الذي يضمن النن ي يمنع تخفيف القيمة هو الإمداد المح دله .

يؤثر أيضًا اعتماد بكته و قاعدة مستخدميه على قيمة البيتكوين .

تتز ايد فائدة قيمة البيتكوين كمتجر للقيمة مع استخدامها من قبل المزيد من الأفرا المنظما تو الشركات تحسنا أث الشبكة الأما و السيولة الاقتر احا لقيميا لعامل شبكة أكبر .

بالإضافة إلى ذلك، يمكن ا تؤثر المتغير ات الاقتصادية الكبر بما فيذلك السياسة النقدية التوتر ا تالج يو سياسية عدم الاستقر الاقتصادي العامل على قيمة البيتكوين كمتجر للقيمة .

يستخدم بعض المستثمرين البيتكوين كحماية ضد مؤسسات البنو كالمتأثر أثناء عدم استقر الاقتصاد .

تفاع البيتكوين كمتجر للقيمة دفع الإجرا ء مق ا تمع متاجر القيمة التقليدية .

البيتكوين و الذهب، الذي يُعتبر في كثير من الأحي أفضل متجر للقيمة، هما مماثلين .

يُنظر إلى الكلتا الأصول تين على أنه هما متاجر للقيمة لأ هما لا تتمتع بالتمركز لا تخضع لسيطرة كيان

فرديولاتركزية . لكنالبيتكوينلديهفوائدمنحيشسهولة التخزين □ القابليةللتحويل □ التجزئة .
بالمقابل ،يمكن□ تخضعالعملاتالو□ قيةلتنظيمالحكومة□ ضغوطالتضخم ،ممايجعلالبيتكوينبدي
لأمرغوبأكمتجر للقيمةخا□ جالأ□ ظمةالماليةالتقليدية .

ستتأثر القطا عالماليو منظر الاستثما□ بشكلكبير بتطو□ البيتكوينكذ هبرقمي .
□ظرًالا□ تفاعهالقليلمنالتر ابطمعالأصو لالتقليدية ،في□ إضافةالبيتكوينإلالمحافظالاستثما□ لديها
القم□ ة علزيادةالعائداتبتوا□ معالمخاطر□ تقليلالتقلبالشامللللمحفظة .
بفضلند□ تهوطبيعتهغير المركزية ،يمكنللبيتكوين□أ□ يكو□ متجرّ اللقيمةيوفر الاستقلالالماليولكذل
كحمايةمحتملةضدالتضخم .
بالإضافةإلذلك ،يعزز□ تفا عالبيتكوينكنو عمنالذ هبالرقميالتقدمالتكنولوجي ،مما يمهدالطري
قلاستخداماتثو□ يةلتكنولوجياالبلوكشينخا□ جالقطا عالمالي .

الخصائصالمميزةللبيتكوين ،مثلند□ ته□ أمًا□ه□ سهولة الوصولإليه ،تضعهفيو
ضعيجعلهمتجرًا محتملاًللقيمة .
يبرز إمكا□ يتهكذ هبرقميمنخلالأدائهالتا□ يخي□ يف□ المق□□ اتمعمتاجر القيمةالتقليدية□ العواملالأ
ساسيةالتيتحددقيمته .
تأثير اتالبيتكوينعلىالقطا عالماليوبيئةالاستثما□ ذاتأهميةكبير ةمعاستمر□ هفيالتطو□□ التقبل .

يجبعلىالمستثمرين□أ□ يكو□ وا علىعلمبخصائصو مخاطر استخدامالبيتكوينكمتجر للقيمةمنأجلال
تنقلفيالإمكا□ ياتو الصعوباتالتيتطرأ□ تيجةلهذ هالفئةالجديدةمنالأصول .
قبولالبيتكوينكشكلمن□ كالالذ هبالرقميفتحآفاقًاجديدةلحماية□ الحفاظعلىالقيمةفيعصر الرقم
يالمتغيربسر عة .

تأثيرالبيتكوينعلىالاقتصادالعالمي

أصبحتالعملةالمشفرةالأ□ لى ،البيتكوين ،قو ةمشو□ ةفيالاقتصادالعالمي ،حيثتتحدىالهياكلالم
اليةالمثبتة□ تغير كيفيةتفكير الناسحولقيمةالأ□ ياء□ تبادلها .
يقو مهذ القسمبفحصكيفيؤثر البيتكوينعلىالاقتصادالعالمي .
يلقينظر ةعلىكيفية عملهكعملة□ قميةلامركزية□ كيفيؤثر علىالأ□ ظمةالمالية□ كيفيمكناستخدا

مهكمتجر للقيمة□ كيفيؤثر عل□التجا□ ة□ال□لية □ ما هيالفر صو المشكلاتالتيتطر حها أمامالهيى اتالحاكمة.

□ظيفةالبيتكو ينكعملة□ قمية لا امركزية تكمنفيقلبتأثير هعل□الاقتصاد العالمي .
يعملالبيتكو ينعلشبكة□ دلندب□□ تأثير أيسلطة مركزية، علىعكسالعملاتالو□ قية التقليدية التيت دير ها البنو كالمركزية . تحظىعملية التمو يلباللامركزية□بعدةمز ايا .
أ□ لاً ،تشجعلىالشمو لالماليعنطر يقمنحال□ خاصالذينلايستطيعو□ استخداممؤ سساتالبنو كالت قليديةفرصة الوصو لإلىالاقتصاد العالمي .
ثا□ يًا ،منخلاالقضاء علىالوسطاء□ تمكينالمعاملاتالمبا□ ر ةبينالأقر ان ،يقللالبيتكو ينمنتكاليف المعاملات ،ممايعزز النمو الاقتصاديويسهلعملياتالتحويلال□ لي .
أخيرًا ،يقدمالبيتكو ينسيادةمالية ،ممايتيحللأفر ادالتفا علبحر ية□□ قيود أ□ تقييد اتتفر ضهاالسل طاتالمركزية.

إمكا□ ياتالبيتكو ينالمشو□□ ةتتعد ىاستخدامهكمتجر للقيمة .
تقنية البلو كشين ،الأساسية للبيتكو ين ،لديها القد□ ة علىتغيير العديدمنجوا□ بالأ□ ظمة المالية .
أ□ لاً ،يمكنإجرا ءالمعاملاتبشكلآمنو□ فافبفضلتقنية البلو كشين □ هيدفتر حسابلامركزي ولا يمك □ تغييره .
قدتحدثثو□ ةفيإدا□ ةسلسلة التو□ يد□ تقليلالاحتيالفيالمؤ سساتالمالية □ زيادة الشفافيةفيعمليا تالحكو مة □ تبسيطعملياتالدفع .
ثا□ يًا ،منخلاالسماحبالمعاملاتالمبا□ ر ةبينالأقر ان ،يتحد ىالبيتكو ينال□□ التقليديللو سطاءمثلا لبنو كو معالجيالدفع .
يمكنأ□ يؤديهذ االتخلصمنالوسطاء إلتكاليفمعاملاتأقل □ دفعأسر ع □ استقلالمالي أكبر لكلمنالأ فرا□ الشركات

بالنسبة للمستثمر ينو الاقتصاد العالمي ،يجلب□ تفا عالبيتكو ينكمتجر للقيمةفر صً□ تحدياتجديدة □ ظر النظ□ تهو إمكا□ يتهكحاجز ضد التضخم ،يُقا□□ البيتكو ينفيالمقامالأ□ لبالذ هب .
بفضلإمداد هالمحد□ ف□□ تفا عشعبيته ،يحملالبيتكو ينإمكا□ يةكمتجر للقيمةيمكنهالحفاظعلىقو تهالشر ائيةمعمر□□ الوقت .
يُجذبهذ االسر دحولالذ هبالر قميالمستثمر ينالذينيبحثو□ عنبدائللمتاجر القيمة المثبتة .

ثا يًا، يعد البيتكوين إضافة مر غوبة للمحافظ المالية بسبب تر ابطها الضئيل مع الأصو ل التقليدية .
يُمكنأ تحسنإضافتها التنو عفي المحفظة تقليلالمخاطر زيادةالأ باحالمحتملة .
معذلك ظرّ التقلبه، يتطلبالبيتكوينبإدا ةحذ ةللمخاطر أهدافاستثما يةفردية يجبأخذها فيالا عتبا .

قديتأثر التج ةالعالمية بق ةالبيتكوينعلإجر اءمعاملاتعابر ةللحد طبيعتهاالغير محد دة .
أ لًا، منخلالتيسير المعاملاتالعابر ةللحد دبشكلسريع و اقتصادي الا عتماد علو سطاء تقليدي ين، يمكنللبيتكوينتسر يعإجر اءاتالتحويل .
قديقللذلكبشكلكبير منتكاليفالتحويل ، خاصةًبالنسبةللأ خاصفيالبلد النامية الذينيعتمد علىه ذهالتحويلاتكجز ءكبير مندخلهم .
ثا يًا، منخلالالقضاء علىالحاجة إلىإجر اءالعملاتالأجنبية المعقد ةالمكلفة، يُمكنلقد ةالبيتكو ينعلتيسير المعاملاتالعابر ةللحد دتسهيلالتجا ةالي لية .
ه اتتيحللشر كاتإجر اءأعمالهامبا ةمعمنافسيهاالأج ب، ممايقللمنالعقباتويعزز الكفاءةف يالتج ةالعالمية.

الحكوماتو الهيئاتالتنظيميةتواجه فرصًا تحدياتنتيجةللطبيعةالمشقِ ةللبيتكوين .
أ لًا قبلكلشيء، تتحدالبيتكوينالأطُر التنظيميةالتقليديةبسببطبيعتهاالمفككة .
تعملالحكو ماتعلتحقيقتوا بينحاجةحمايةالمواطنين منعالأ شطةغير القا و ية تعزيز ا لابتكا   مناالمهم شاء أطُر تنظيميةمناسبةتقللمنالمخاطر التقليلمنحدةالابتكا .
ثا يًا، يجبعلىالهيئاتالتنظيميةمر اقبة عنكثبتقلباتالبيتكوينو تأثير هالمحتملعلىاستقر ر النظامالم الي .
يجبتقييمو إد ةالمخاطر النظاميةالمتصلةبالبيتكوينو تفا علهمعالأ ظمةالماليةالمثبتةمنقبلال بنوكالمركزية المؤسساتالمالية .
بالإضافةإلذلك، يُعقَّدتطبيقالضر ائبو امتثالالمكافحة غسلالأمو الأمو ابسببالطابعالشبهمجهول للبيتكوين .
تقومالحكو ماتبو ضعسياساتلحلمخا فمكافحة غسلالأمو الوضم فر ضالضر ائبعلىالمعاملاتب كلصحيح، معتحقيقتوا بينالشفافية الخصوصية.

فيما يتعلق بـ□ هكعملة□ قمية لامركزية□ تأثير هعلـ الأ□ظمة المالية□ إمكا□ يتهكمتجر للقيمة□
تأثير هعلـ المعاملا تعبر الحد□ د□ الفرص و التحديات التيتطر حها أما مـ الحكوماتو الهيئا تالتنظيمية
، تعتبر البيتكو ينلها تأثير اتو اسعة علـ الاقتصاد العالمي .

فمنغير الممكن تجاهلا لإمكا□ ياتا لتحولية للبيتكو ينفيتعزيز الابتكا□ □ توسيعالشمو لالماليو تقليلتك
اليفالمعاملا تمعاستمر□ تطوير ها□ اكتسابشعبية .

□ معذلك ، يتطلبالتنقلفيهذ السياقالجديد التفكير الجادفيالمخاطر □ المتطلبا تالتشريعية□ استرا
تيجيا تالاستثمـ الأخلاقية .

□ تيجةلتشو يشالبيتكو ينعلـ الأ□ظمة المالية المثبتة، أصبحتاقتصادًا عالميًا أكثر□ مو لًا□ فعالية□ آ□
مـ□ اً اممكنة الآن .

يتطلباستغلالالإمكا□ ياتا لكامنة للبيتكو ينو التأثير علـ مستقبلالأمو□ المالية قبو لالفرص و معالجة ا
لمشكلا تالتيتطر أ

عواملالخطروالتقلبات

لقدجذبتالعملة المشفرة الرائدة، البيتكو ين، المستثمر ينو المحبينمنجميعـ حاء العالمفيالسنو اتا
لأخيرة□ ظرًا لزيادة□ عبيتها .

□ معذلك ، فـ□ فهممخاطر□ تقلبا تالبيتكو ينأمر أساسيلأ□ لئكالذينيتطلعو إلـ التفا علمعهذ هالأصو
لالر قمية بسببالتقلبا تالسر يعةفيأسعا□ ها□ عدماليقينالكامنفيها .

يُستكشففيهذ القسمالعو املا لمتعلقةبالمخاطر المتصلةبالبيتكو ين، بالإضافة إلـ الأسبابتقلبأسعا
□ ها□ تد□ لاتها□□ صائحللتعاملمعالتض□ بالغامضلاستثمـ اتالبيتكو ين.

□ تقلبسعر البيتكو ينهو□ احدمنأبرز مخا□ فالخطر .

يُعر فـأ□ سعر البيتكو ينيتسمبتغير اتكبير ةيمكنأ□ تحدثبسر عة .
العديدمنالعو امل، بمافيذلكالر أيالعامفيالسو ق□ التحديثا تالتنظيمية□ التطو اتالاقتصادية الك
برى□ غير هامنالأحداثغير المتوقعة، هيالمسو□ لة عنهذ هالتقلبات .

□ ظرًا الاحتمالحـ□ ثمكاسبأ□ خسائر كبير ة، تقدمالتغيير اتالمستمر ةفيالسو قللمستثمر ينفرصًا□ م
خاطر .

يجب□ يُؤخذالبيئةالتنظيميةالمحيطةبالبيتكوينفياعتبا□ آخركعاملخطر .
فقدقامتالد□ لبتنفيذاستراتيجياتمختلفةلتنظيمالعملاتالمشفرة،تتر□ حبينأطُرسماحةإلىالتنظيما
تأكثرصرامةأ□ حظرمطلق .
يتعرضالمستثمر□□ لمخاطرإضافية□ تيجةللتغييراتالتنظيميةأ□ الوضعالقا□ و□ يغيرالمؤكد،الذ
ييمكنأ□ يكو□ لهتأثيركبيرعلىقيمةالبيتكوينو□ أيالسوق

البيتكوينعرضةلقضاياالأم□ السيبر□ يو الاختراقبسببطبيعتهاالرقمية .
يمكنأ□ تتعرضالبنيةالتحتيةالتيتدعمالبيتكوين،مثلمنصاتالتبادلوالمحافظ،لمحا□ لاتاختراقعلىا
لرغممنأ□ تكنولوجياالبلوكشينالأساسيةهيآمنة .
يمكنأ□ تنتجالا□ تهاكاتالأمنيةخسائرمالية□ ا□ خفاضفيثقةالمستثمرين.

بالإضافةإلىذلك،يعتبرالبيتكوينعرضةللتلاعبفيالسوقبسببطبيعتهااللامركزية□ بنيةالسوقالج
ديدة□ سبيًا .
يمكنأ□ يتأثرالأسعا□ يمكنأ□ تتمإثا□ ةالتقلباتالاصطناعيةمنخلالعملياتالتدا□ لالمنسقةأ□ الإجرا
ءاتمنقبلمستثمريالحيتان .
يمكنأ□ يخدعالمستثمر□□ بواسطةهذهالتقنياتالخادعة،ممايؤديإلىخسائركبيرة.

تسهمالعديدمنالعواملفيتقلباتالبيتكوين،□ التيبد□ هاتسببتقلباتهاالديناميكيةفيالأسعا□ .
إحدىالعناصرالتيتؤثرفيتقلبهاهيسيولةالسوق .
□ ظرًاالحجمالسوقالأقلمقا□□ ةبفئاتالأصولالمثبتةأكثر،يمكنأ□ تكو□ تقلباتأسعا□ البيتكوينكبيرةإل
ىحدما .يمكنأ□ تزيدالأسواقالغيرسائلةمنالتقلباتوتكو□ أكثرعرضةللاستغلال.

عاملآخرمهميسهمفيتقلباتالبيتكوينهوطبيعتهاالتكهنية .
منالصعبتقديرالقيمةالعادلةللبيتكوينلأ□ هناكأدلةتا□ يخيةمحد□ د□ لاقيمةجوهرية .
يمكنأ□ تكو□ التغييراتفيالأسعا□ مكثفة□ يمكنزيادةالتقلببواسطةالتدا□ لالتكهني،الذييتمتحفيزه
بواسطةمشاعرالمستثمرينوتكهناتالسوق.

التقلبالمحيطبالبيتكوينيتأثرأيضًابمشاعرالسوقوقصصالأخبا□ .
يمكنأ□ تنتجالتغييراتالكبيرةفيالأسعا□□ تيجةلأخبا□ جيدةأ□ سيئة،مثلالتغييراتفيالتنظيمات،أ□ ا

لتطو□ا□التكنولوجية، أ□ الاستثما□ا□المؤسسية□الكبيرة .

يمكن□أ□ يؤدير□السو□ قع□لم□ث□له□ذ ها□الأخبا□ إلز□يادة□التقلب□لأ□المشاعر□قد□تتغير□بسرعة .

علا□ة عل□ذلك، يصعب□تطبيق□مؤ□را□الخطر التقليدية□ ظر□ال□طابع□اللامركزي□و□المميز□ا□المميز□لل□ب□ يتكوين .

قد لا□تتناسب□البيتكوين□بدقة□مع□ال□تحليل□الأساسي، مثلا□الحسابات□المالية□أ□ المؤ□را□الاقتصادية .

يتمز□يادة عدم□اليقين□و التقلب□في□الأصول□بسبب عدم وجو د منهجيات□مُستَقَر ة□تمامًا□التقييم□المخاطر .

التقلب□و المخاطر المرتبطة□بالبيتكوين□ينلها□تأثير ا□تكبيرة عل□ا□المستثمرين .

من ناحية□أخرى، يتيح□التقلب□فر صًا□التحقيق□أ□ باحكبيرة .

بالنسبة□للمستثمرين□الذين□يو قتو□ نقاط□دخول□هم و خر□ جهمب□شكلصحيح، يمكن□أ□ تؤ□دي□التحرك□ات□السر يعة□في□السو ق□إلع□وائد□كبيرة .

□ مع□ذلك، بسبب ز يادة□المخاطر المرتبطة□بهذا□الإمك□ا□الربحي، يجبأ□خذ إد□ا□ة□المخاطر بعناية .

بالمق□ا□ة معف□ئات□الأصو لا□الأخرى، يعرض□اساستثما□ البيتكوين□الأفر ا د لمز يد منالمخاطر .

إذا□الميتمو ضع أساليب□ملائمة□للتقليل منالمخاطر، يمكن□أ□ تؤ□دي□التقلبات□المفاجئة□في□الأسعا□ التيقدتحد ث□بسبب□تقلب□البيتكوين□إلن□الخسائر كبيرة .

يجبعلا□المستثمرين□أ□ يكو□ و ا عل□استعداد لا عتناق□المخاطر الكامنة□في□البيتكوين□و□ يأخذ□ افي□اعتبا□ ه متحملا□المخاطر الخاصة□بهم

يستطيع□المستثمر□ استخدا م مجمو عة□من□التكتيكات□للتنق□لفيغمر ة عدم□التو قعات□التيتتر تبعلعو امل□ا لخطر□ التقلب□المر تبطة□بالبيتكوين . قبلكلشي ء، يعتبر التعلمو البحث□أمرًا حاسمًا . يجبعلا□المستثمرين□أ□ يخصصو ا□الو قت□اللازم لز يادة□معر فتهمب□البيتكوينو تكنو لو جياها□الأساسية، □ المتغير ات□التيتؤ ثر عل□قيمتها .

اتخاذقر□ا□ات□مستنير ة□يتطلب□بحثًا و مسعًا□ متابعة□الأخبا□ الأحداث□ التو عية□بالمخاطر المتر تبة .

عند□القيام□باستثما□ في□البيتكوين، يجب□تنفيذ□تد ابير إد□ا□ة□المخاطر .

ينطو ي□ذلكعل□و ضعأ□هدا فاستثما□ا□ اضحة□ تحديد□مستو يات□تتحملا□المخاطر □ تنو يعمحفظ□ت□هما لا

ستثما□ية□ استخداما□ أمر□ قفالخسائر لتحديدالخسائر المحتملة .

يستطيعالمستثمر□□ الحفاظعلى ث□ تهمو تقليلالخسائر المحتملةمنخلالإد□ ةمستنير ةللمخاطر

عندالتعاملمعالتقلباتالسعر ية القصيرة الأجل للبيتكوين ، يعتبر الحفاظعلى الرؤية العامة أمرًا حاسمً
ا .

يستطيعالمستثمر□□ تحملالتقلباتالقصيرة الأجلو التركيز على الرؤية الأ□ سعمنخلالفهمإمكا□ ات
البيتكوينكتكنولو جيامُختلفة□ كمتجر للقيمة .

يمكنتقليلالتقلباتالسعر ية القصيرة الأجلمنخلالالصبر□ النظر ةالطويلة المدى .

□ أخيرًا ،يساعدالحصو لعلى□ □ اداتو استشا□ اتمهنية عندالتنقلفيتعقيداتسو قالبيتكوين .
قديكو□ الخبر اءالماليو□ الذينير كز□□ على استثما□ اتالبيتكوينق□□ ينعلتقديمنصائحفاحصة .
يمكنللمستثمر ي□أ□ يتعلمو اعنالمخاطر المترتبة□ يقومو اب□ شاءاستر اتيجياتمحددةلأهدافهمالم
اليةبفضلمعر فتهم.

المخاطر□ التقلباتمدمجة فيطبيعة العملة الرقمية المعر□ فةباسمالبيتكوين .
بالنسبة لأ□ لئكالذينيقو مو□ باستثما□ اتفيالبيتكوين ، ف□ همنالأمو□ الأساسية فهمو إد□ ة هذه الم
خاطر .
عدماليقينحو لالبيتكو ينيعو دإلحدكبير إلتقلباتالأسعا□ □ البيئة التنظيمية □ قضاياالأم□ السي
بر□ □ ي□ تلاعبالسوق.

فيحينتقدمالبيتكو ينفر صًالتنو يعالمحفظة□ تحقيقأ□ باحمحتملة ، يجبعلىالمستثمر ي□أ□ يكو□ واعل
ىعلمبالمخاطر الأعلىالمر تبطةبه .
يمكنللمستثمر ينالتفا□ ضعلمخاطر سو قالبيتكو ينو تحقيقأ□ باحمحتملةمنإمكا□ ياتهالمخبر ةم
□ خلالالتعلم□ تنفيذطر ق إد□ ةالمخاطر □ الحفاظعلىر ؤيةطويلة المدى □ الحصو لعلمساعدةم
حتر فة.

منأجلالاستفاد ةمنفو ائدالبيتكو ينمعتقليلالمخاطر المر تبطةبه ، ستكو□ إد□ ةالمخاطر العاقلة□ا
تخاذقر□ اتمستنير ةضرو□ يتينمعاستمر□ تطو□ سو قالعملاتالر قمية .
□ظرًالعو املالخطر□ التقلبالمر تبطةبالبيتكوين ، يجبعلىالمستثمر ينالتكيفمعدينامياتالحد□ دالر
قمية

الفصل السادس

الجوانب القانونية والتنظيمية للبيتكوين

المشهد التنظيمي العالمي

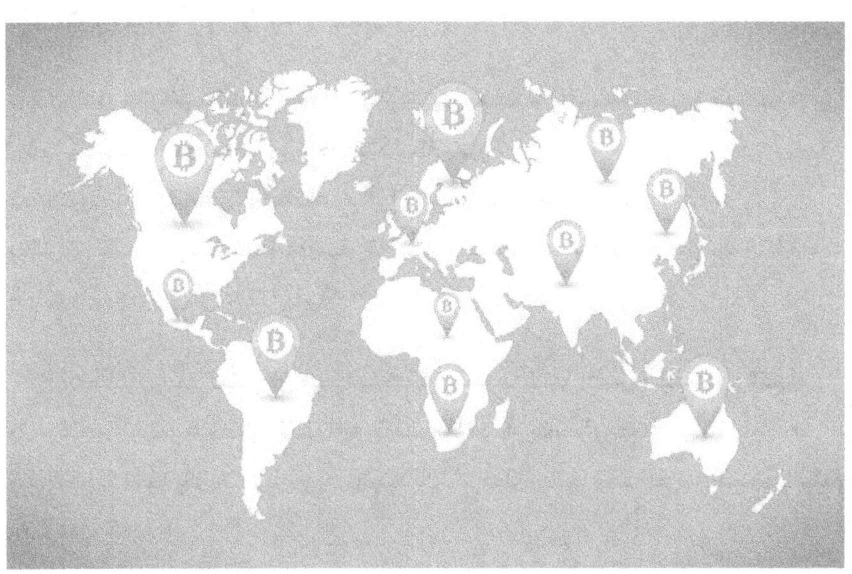

 اجهت الأطر التنظيمية التقليدية تحديات كبيرة نتيجة لا تفاع البيتكوين، أ لعملة قمية .
تتناقش الحكومات و الهيئات التنظيمية في جميع أ حاء العالم حول كيفية التحكم فيه ذ ها الأصلا لر قمية ال لامركزية مع استمر ا تفاع قبول و جاذبية البيتكوين .

في هذا القسم، يُستكشف البيئة التنظيمية العالمية للبيتكوين، مع ايلاء اهتمام خاص للنهج المتبو عة م قبل مختلف الي ل التحديات التي تواجها الجهات التنظيمية التد لات المستقبلية للإد ة المالية الر
قمية .

تختلفتنظيماتالبيتكوينبشكلكبيربينالدول،ممايعكسمجمو عة□اسعةمنالنهج .
بعضالد□لقبلتالبيتكوينو فذتأطرتشريعيةتوفر□ضو حًاللمستخدمينو الشركات .
أمثلةعلىالد□لالتيتمتلكتنظيماتداعمةتركز علىحمايةالمستهلك□ إجراءاتمكافحةغسيلالأموا
ل،(AML)□ الامتثالالتنظيميتشملالو لاياتالمتحدة□ اليابان□ سويسرا

□ معذلك،اعتمدتالعديدمنالد□لنهجًاأكثرحذً□ا،حيثتراقبنشاطالبيتكوين□□ فرضلوائحصا□مة .
تشملهذهالمجمو عةالاتحادالأ□□ بيوكند□ أستراليا،حيثيفضلو الا□ تظ□ حتىيحصلو اعلىالعالم
زيدمنالمعلو ماتحولتطوير□ مخاطر العملاتالرقميةقبلإ□ شاءأطرتنظيمية□املة .

فيهذهالأثناء،اخت□ تبعضالد□ لاتخاذإجراءاتأكثرصرامة،مثلحظر□ تنظيمالعملاتالرقمية .
علىسبيلالمثال،اعتمدتبلد□ مثلالصينو الهند□ بو ليفياسياساتتقييديةتحدمننشاطالبيتكوين،م
ثلتدا□لالعملاتالمشفر□ عر□ ضالعملاتالرقميةالأ□لية .(ICOs)

تواجهالحكو ماتو الهيئاتالتنظيميةصعو باتو اعتب□ اتخاصة عندمايتعلقالأمر بتنظيمالبيتكوين .
□ قصالتنا غمبينالاختصاصاتهو□ احدمنالمشاكلالكبيرة .
يجعلالهيكلاللامر كزيللبيتكوينمنالصعبإقر□ تشريعاتمتناسقةفيجميعأ□حاءالعالم .
يمكن□ تؤديالتبايناتو تحكمالقضاءإلى□ثغر اتأ□ تناقضاتتنظيميةبسببأساليبالتنظيمالمختلفة،مما
قدينتجعنهفجوا تأ□ صرا عاتتنظيمية .

علا□ ةعلىذلك،يستمر المشر عو□ فيمو اجهةصعو باتنتيجةللتطو□ السر يعللبيتكوينو تكنولوجي
االبلو كتشين□ □سر عةتطوير التكنولوجيا□ تأثير هاتفو قق□ ةالمشر عينعلىمو اكبتها .
يجبعل□المشر عين□أ□ يكو□ ولا□ شطينو□ اد□افيتعديلالتشر يعاتلمعالجةالمخا□ فو حالاتاستخدامالعم
لاتالرقميةالجديدة .

عاملآخر حاسمبالنسبةللمشر عينهو إيجادتو ا□ بينالابتكا□□ حمايةالمستهلك .
يجبعليهمالتوا□ بينحمايةمصالحالمستهلكينو منعا□أ□ شطة غير الق□ و□ يةمعد عمالابتكا□ فيقطا
عالخدماتالمصرفيةالرقمية .
□إ□شاءأطرتنظيميةتشجععلىالابتكا□ المسو□ ل□ مراقبةالسوقباستمر ا□ □ التفاعلالفعالمعأط
□ افالصناعة،كلهاضر □ يةلتحقيقالتوا□ الصحيح .

□ بالإضافةإلىذلك،□ ظرًاللطابعالعالميللبيتكوين،يعدالتنسيقالد□ ليأمرًاضر□□ يًا .
يتطلبالتعا□□ الد□ ليبينالمشرعينمعالجةالقضاياالعابرةللحد□ دمثلغسيلالأموالوتمويلالإ□ هابو التهربالضريبي .
منخلالتنسيقالمباد□ اتالتنظيمية□ تعزيزمشا□ كةالمعلومات،يمكنناتقليلهذهالمخاطرفيالنظاما لماليالرقميوالحفاظعلىمستوىمتسا□ ٍللمستخدمينوالشركاتفيجميعأ□ حاءالعالم.

مستقبلالتنظيمالماليالرقمييتأثربشكلكبيربالبيئةالتنظيميةالعالميةالمحيطةبالبيتكوين .
قبلكلشيء،تحا□ لالأطرالتنظيميةحمايةالمستثمرينمنخلالفرضالمساءلة□ الأما□ والشفافيةفي سوقالبيتكوين .
يمكنأ□ تشجعالتشريعاتالقويةعلىالتدا□ لالعادل□ منعالاحتيال□ تقليلمخاطراستثما□ اتالبيتكو ين

ثا□ يًا،منأجلالتعاملمعالطابعشبهالمجهولللبيتكوين،فإ□ إجراءاتمكافحةغسيلالأموال (AML)□ معرفةالعميل (KYC) ضر□□ ية .يجبتنفيذإجراءات AML □ KYC بدقةمنقبلبو□ صاتالعملاتالمشفرة□ مقدميالخدماتلمنعالأ□ شطةغيرالقا□ و□ ية□ ضما□ الامتثاللم تطلباتالتنظيم.

ثالثًا،تحقيقالتوا□ التنظيميالمثالييعززالإدماجالمالىويزيدمنإمكا□ يةالوصولإلىالخدماتالمالية معالسماحبالابتكا□ التقنيفيالقطاعالماليالرقمي .
يمكنللمشرعينتعزيزالإدماجالماليمعالحفاظعلىالاستقرا□□ الأما□ منخلالتعزيزالابتكا□ المسؤو ل.

□ أخيرًا،منالمهمبشكلكبيرتوحيدالنهجالتنظيميعلىمستوىعالمي .
□ ظرًالأ□ البيتكوينهوظاهرةعالمية،يمكنللتعا□□ التنظيميتسهيلتبادلالمعلوماتوتوحيدالقوا□ ينو ضما□ إجراءاتموحدةعبرالاختصاصات .
يساعدهذاالتعا□□ العالميفيخلقبيئةتشجععلىالابتكا□ □ تحميالعملاء□ تحافظعلىنزاهةالنظامال ماليعبرالإ□ تر□ ت.

البيئةالتنظيميةالعالميةللبيتكوينهيمجالمعقديتطو□ بسرعة .
المشكلةالتيتواجهالحكوماتوالهيئاتالتنظيميةهيإيجادسياساتفعّالةتحققتوا□ ًابينالاستقرا□ ا

لماليو حماية المستهلك والابتكا .

اعتمدت الدول المختلفة استراتيجيات متنوعة، هو عكاس للبحث المستمر عن أفضل أطر تنظيمية للا رافع للنظام المالي الرقمي.

المشرع عن بحاجة إلى التنسيق على الصعيدينا الوطني والدولي و التكيف مع الطابع الديناميكي للتكنولوجيا، حيث يستمر البيتكوينو غيرهم نا العملات الرقمية في اكتساب شعبية .

بناء إطار تنظيمي شامل وموحد أمر حاسم لتشجيع الابتكار المسؤول حماية المستثمرين تقليل المخاطر المتعلقة بالعملات الرقمية .

ستتحقق مستقبل مستدامو آمن للنظام المالي الرقمي في النهاية من خلال التحقيق التوا ن الصحيح بينا لتنظ يمو الابتكا .

يجب أن يكون البيئة التنظيمية واضحة تشجع على الشفافية تأخذ في اعتبا ها التحديات الخاصة الت ي يثير ها استخدام العملات الرقمية مثل البيتكوين .

يمكن للحكومات أن تستثمر إمكا يات البيتكوين من خلال التنظيم الفعّال، مع تقليل المخاطر تعزيز تطو في ضوء النظام المالي الرقمي

البيتكوينو الضرائب

هدت العملة الرقمية المفوضة المعر فة باسم البيتكوين يقبو لا اسعا عبية .

تكافح الحكومات و السلطات الضريبية في التعامل مع كيفية فرض الضرائب على هذا النو ع العالي النو ع ا لغير تقليدي من ال عملات مع ا تفاع عدد معاملات البيتكوين .

يتم استكشاف تأثير ات ضرائب البيتكوين في هذا القسم، إلى جانب الصعوبات التي تواجهها السلطات الضريب ية استراتيجيات السلطات الضريبية في مختلف الاختصاصات التأثير ات المحتملة على الضرائب .

نظر الطبيعتها المفوضة معاملاتها بها المجهولة تعقيد تكنولوجيتها، تواجه فرض الضرائب على البيتكوين صعوبات خاصة .

يجعل السلطات الضريبية تحديد تصنيف البيتكوينو تقييمهو الإبلاغ عنه .

يُعتبر التفكير في عدة عوامل ضرائب بيتكوينهو أمر مهم.

إحدى المسائل التي يجب على السلطات الضريبية حلها هي التصنيف .

يجب عليها اختيار ما إذا كان وسيصنف البيتكوين لأغراض الضرائب كعملة ، أ أصل ، أ سلعة .

تتأثر القو ين الضريبية القابلة للتطبيق ، بما في ذلك ضريبة الرب ح الرأسمالي ضريبة الدخل ضريبة السلع والخدمات (GST) بهذا التصنيف.

صعوبة أخرى تواجهم سؤ لي الضرائب هي التقدير .

ظرً التقلب سعر البيتكوين ، يمكن أ يكو تحديد القيمة السوقية العادلة لها في وقت المعاملات أ الأحداث المتعلقة بالضرائب أمرًا صعبًا .

غالبًا ما تستخدم السلطات الضريبية بي ا تم ناطر افت ثالثة أ بو صات البيتكوين لتحديد التقدير.

فيما يتعلق بضرائب البيتكوين ، تعتبر متطلبات التقرير مهمة بالمثل .

لأغراض الضرائب ، يُطلب لبعاد ةمن المكلفي أ يقو مو ا بالإبلا غ عنمعاملاتهم وحياز اتهم في البيتكوين .

يشمل ذلك الإفصاح عنالأ باحمن تعدين البيتكوين أ الأ باح أ الخسائر من بيع أ تبادل البيتكوين ، ف ضلاً عنمعلو ما تحو لالبيتكوين المخز ةفي المحافظ أ البو صات .

تيجةً لاختلاف الأ ظمة التنظيمية الضريبية ، ا عتمدت لمختلفة استراتيجيات ضرائب البيتكوين الم تنوعة .

تتضمن هذ هالاستراتيجيات معاملة البيتكوين كعملة ، فرض الضرائب عليها كممتلكات ، إ شاءتشر يعاتضريبية محددة للبيتكوين.

إستراتيجية مو ذجية ، خاصة في لمثل الولايات المتحدة ، هي فرض الضرائب على الدخل كممتلكات .

ظرً الأ البيتكوين لا يُعتبر عملة ب لممتلكات ، في أي أ باحمن بيعها أ تبادلها تخضع لضريبة الرب ح الرأ سمالي . يجب على المكلفي الإفصاح عنالأ باح أ الخسائر في إيدا عاتالضرائب الخاصة بهم.

تعترف بعض الدو ل ، مثل اليابان ، بالبيتكوين كشكل ق ا و للعملة تخضعها لل قو ين الضريبية القياس ية التي تنطبق على العملات الأجنبية .

تعتمد فرضية ضريبة الدخل أ ضريبة الاستهلاك على التفاصيل الدقيقة.

فيعدةمناطق، تموضعتشريعاتضرائبيبيتكوينمحددة .

علىسبيلالمثال، يُعتبر البيتكوينفيألمانياكأداةمالية، حيثيخضعالأ باحمنبيعها تبادلهعندحياز تهلأقلمنعاملضريبةالربحالرأسمالي.

تعرضضرائبالبيتكوينلنكلمنالسلطاتالضريبية المكلفينالعديدمنالصعوباتوالعواملالتييجب توخذفياعتبا .

قصالشفافية هو مشكلةكبيرةلأ البيتكوينفيتطو مستمر لاتوجدتشريعاتضريبية ليةمتسقة .

يجبعلىالسلطاتالضريبيةالتعاملمعقضاياتكنولوجيةصعبة ضعتشريعاتلاتز القابلةللتطبيق فيعالمالعملاتالرقمية، الذيينمو بسرعة .

بسببتقلبأسعا البيتكوينو عدمالتوافقعلىتقنياتالتقييم، تو جدمشاكلفيالتقدير .
قديجدالسلطاتالضريبيةصعوبة فيتحديدتقدير اتدقيقة التيقدتؤثر علىكفاءتهافيتقدير الضرائببدقة.

تواجهالسلطاتالضريبيةأيضًاصعوباتتتعلقبالامتثالوالتنفيذ .
قديكو من الصعبتحديدالمكلفينالذينيشا كو فيعملياتالبيتكوينو تنفيذمسو لياتالضرائببفعالية بسببالطابعالشبهمجهولللعملياتالبيتكوين.

تضيفالضرائبال لية تعقيدًا إضافيًاإلىالوضع .
يجبعلىالسلطاتالضريبيةالتعاملمعصعوباتمثالالضريبةالمزد جة تسعير التحويل متطلباتا لتقرير للمكلفينالمشا كينفيعملياتالبيتكوينال لية تيجةلعملياتالبيتكوينعبر الحد د.

تؤثرضرائبالبيتكوينعلىالمكلفينبعدةطرق .
يجبعلىالمكلفي يكو وا علىعلمبالالتز اماتالمتعلقةبالتقرير حولمعاملاتهمفيالبيتكوين .
لتحقيقالالتز امبالمسؤ لياتالضريبية، يعتبر الحفاظعلىسجلدقيقو تو ثيقجميعالمعاملات، بما فيذلكالشراء البيعو التبادل أ شطةالتعدين، أمرًاضرو يًا.

يجبأيضًا علىالمكلفي يأخذ افيا عتبا همتأثيرضرائبالربحالرأسمالي .
يتعينحسابو إعلا الأ باحأ الخسائر الناتجةعنبيعأ تبادلالبيتكوين .

لحساب التزامات الضريبة بشكل صحيح، يجب تتبع تكلفة الأساس وفترة الاحتفاظ بالبيتكوين بشكل صح
يح.

قد يقوم المكلفون بالبحث في تقنيات التخطيط الضريبي لتقليل مستويات ضرائبهم المتعلقة بالبيتكوين .
يمكن تقليل المسؤوليات الضريبية عن طريق استخدام تكتيكات مثل جني الخسائر الضريبية توقيت المعا
ملات استخدام وسائل الاستثمار الفعالة ضريبيًا.

فهم قوانين الضرائب في مختلف البلدان والامتثال لمتطلبات التقرير ضر   يلامتثال الضرائب ال لية للمك
لفين الذين يستخدمون البيتكوين في عملياتهم تجا ز الحد د.

في سياق الضرائب الأ سع، تعتبر فرضية البيتكوين أمرًا معقدًا تطو يًا .
الصعوبة التي تواجه الحكومات وسلطات الضرائب هي ضبط البيتكوين بشكل عادل وفعال وعضم الامتثال
.

تعقيد التكنولوجيا طبيعتها المتميزة باللامركزية سميتهي شكل تحديات خاصة لتصنيفه تح
ديد قيمته الإبلاغ عنه.

قد قامت الأ ظمة القا ية المختلفة باستخدام استراتيجيات متنوعة لتصنيف البيتكوين كما ممتلكات
أ عملة أ أداة مالية محددة .
 مع ذلك، يؤدي غياب الاتفاق العالمي و القو اعد الموحدة إلى التعقيد وتو عدم اليقين.

فهم امتثال المسؤوليات البيتكوين الضريبية أمر أساسي للمكلفين .
يمكن التغلب على صعوبات ضرائب البيتكوين من خلال الاحتفاظ بسجلات دقيقة الامتثال لمتطلبات التقرير،
 أخذ تقنيات التخطيط الضريبي في اعتبا ه.

من المحتمل أ تتعرض السلطات الضريبية لضغوط إضافية لتوفير أطر تنظيمية املة متماسكة بمر
   الوقت مع زيادة استخدام البيتكوين و غير هامن العملات المشفرة .
سيكو من الحيوي تحقيق التوا ن المناسب بين تشجيع الابتكا   ضم الامتثال و الحفاظ على العدالة في الن
ظام الضريبي للتنقلب بكفاءة في تعقيد ضرائب البيتكوين

التحدياتالقانونيةوالجدل

تفاعالبيتكوين □ هو عملة □ قمية لامركزية، قامبتغيير تمامًافيصناعةالأموالوأثا □ الا □ تباههو
لالعالم □ معذلك، أدتهذهالعملةالجديدةإلتكوينتحدياتقا □ و □ ية □ جدليحتاجالفحصدقيق .
يتمفحصالبيئةالقا □ و □ ية المحيطةبالبيتكوينفيهذا القسم، إلجا □ بالقضاياالقا □ و □ ية الرئيسية □ ال
جدلالذينشأ .

سننظرفيالقضاياالقا □ و □ ية □ الأ □ شطة غيرالقا □ و □ ية □ قضاياحمايةالمستهلك □ التد □ لاتللتأك
يدعلاالآثا □ المترتبة علىالتنظيمالمستقبليللعملاتالرقمية .

تنظيمالبيتكوينهو □ احدمنأهمالقضاياالقا □ و □ ية التيتواجهها .
□ ظرًالأ □ البيتكوينتعملخا □ جالنظامالماليالمعمولبه، في □ هاتضعالأطر التنظيمية القائمةفياختبا □ .

تتناقشالحكوماتوالهيئاتالتنظيميةفيجميع □ حاءالعالمحولكيفيةتصنيفو التحكمفيهذا الأصلار
قميالخاص . التصنيف □ تفككالتنظيم □ قضاياالولاية هيالعقباتالتنظيميةالرئيسية .

أكبرمشكلةمعالتصنيفهي □ سلطاتالضرائبوالمنظمينيجبأ □ يقر □ □ اكيفيةتصنيفالبيتكوينقا □ و □ يًا.
فيحينيصنفبعضالأ □ ظمةالقا □ و □ ية البيتكوينكعملة، يصنفهاآخر □ □ كسلعةأ □ قطعةممتلكات .
يؤثر هذا التصنيفعلىالمتطلباتالقا □ و □ ية المناسبة □ المعاملة الضريبية □ الإطا □ التنظيميللمؤسس
اتوالأفرادالمعنيينفيمعاملاتالبيتكوين.

البيئةالتنظيميةالعالميةالمحيطةبالبيتكويناﻻتزال المتشعبة، حيثاعتمدتالعديدمنالسلطاتأساليب متنوعة،ممايشكلمشكلةإضافية

فقدقبلتبعضالدﻻلابيتكوينو□ شأتأطرًاق□ و□ يةلحمايةالمستهلكينو□ قفغسيلاﻻموال .

□ اختا□ تد□ أخرىموقفًاأكثرحذر□ أ□ قيودًا،حيثفرضتحظرًاأ□ قو□ ينصا□ مةحولهذاالموضوع .

□□ تيجةلهذاالتشعب، هناكاحتماﻻتلحد□ ثصراعاتد□ ليةعدمتيقنقا□ ي.

بسببالهيكلاﻻمركزيللبيتكوين، هناكقضاياتتعلقبالوﻻية .

جعلتالعولمةفيالتعامﻻتمنالصعبعلىالجهاتالتنظيميةمما□ سةسلطتها□ معالجةالصعوباتعبرال حد□ دبشكلمناسب .

كما□ أ□ همنالصعبأيضًامحاسبةاﻷفرادالمسؤ□ لينعاﻷ□ شطةاﻹجراميةفيغيابسلطةمركزية .

□ دﻻ□ تباهالجو□ بالشبهمجهولةللبيتكويناجراءاتالجريمةالمنظمةﻻستخدامهافيمختلفالعملي اتغيرالقا□ و□ ية .

يجعلالهيكلاﻻمركزيو□ الد□ ليلتعامﻻتالبيتكوينمنالصعبعلىمنظمات□ فاذالقا□ و□ وقفاﻷ□ شطةاﻹج □ امية .

□ تعتبر غسيلاﻷمو الو الويبالعميقو اﻷسو اقالسوداء□ الجريمةالسيبرا□ يةبعضالقضايا□ الجدلا لرئيسيةالمتعلقةباﻻستخدامااﻹجراميللبيتكوين.

غسيلاﻷمو الهو قضيةخطيرة □□□ ظرًاﻷ□ البيتكوينافتراضيو□ بهمجهول□، في□ هناكأسئلةتتعلقبام كا□ يةتطبيقهفيهذاالمجال .

يمكنللهيكلاﻻمركزيللبيتكوي□ أ□ يستخدمهالمجرمو□ ﻹخفاءمصد□ اﻷموالالغيرالمشر□ عة .

□ دتالحكوماتوالهيئاتالتنظيميةعلىذلكبفرضقوا□ ين" تعرفعلىعميلك (KYC) " □ قوا□ ينمكافحةغسيلاﻷموال (AML) علىمنصاتتبادلالعمﻻتالمشفرة.

ينبغيالتعبير عنالقلقبشأ□ □ تباطالبيتكوينباﻷسواقاﻹلكتر□□□ يةغيرالقا□ و□ ية□ الويبالعميق .

□ قد□ اجهتمنظماتا□ فاذالقا□ و□ صعوبةفيالعثو□ علىو تتبعتعامﻻتالبيتكوينفيهذهالمواقعاﻹ□ ترن تالمخفية .

□□□ ظرًاللصعوباتالوﻻئية،سيكو□ منالصعبقا□ و□ يًاإ□ غﻻقهذ□ النظمو معاقبةاﻷفرادالمسؤ□ لين.

يجعلالهيكلالللامركزيللبيتكوينحمايةالمستهلككقضيةملحة .

بسببالطبيعةاللاقابلةللعكسلتعاملاتالبيتكوين، يكو المستهلكو أكثر عرضةللاحتيالوالغشوح
□ ادثالاختراق .

منبينالقضاياالقا و ية الجدلحولحمايةالمستهلكفيسياقالبيتكوينتسرباتالأم□ والاختراقاتال
سيبر□ انية المؤامراتالاحتيالية□□ قصالرقابةالحكومية .

كئ□ تالمحافظالرقمية□ منصاتتبادلالبيتكوينهدفًالا□ تهاكاتالأم□ والهجماتالسيبر□ انية، التيأدتإلى
تكلفةماليةكبيرة علىالأفرا□ الشركات .

لق□ متالحاجةإ□ التعاملمع□ تهاكاتالأم□ والالتزامالقا و ي يبحمايةأمو االمستهلكبشكلكبير .
فيحينيبحثبعضالبلد□ فيإمكا يةالتأمينلحمايةالعملاءمنالخسائر، قامتالبعضالآخربوضعتتشر
يعاتلتعزيزتدابيرالأمان.

□ تيجةًللتج□ اتالمجهولة□ تشرتالمؤامراتالاحتيالية□ مخططاتتبو زيفينظامالبيتكوين .
استغلتالحيلالتيتقدمتأ باحًاضخمة□ فرصاستثما□ فيأعمالتتعلقبالبيتكوينالمستثمرين .
□ قدز ادتالجهاتالتنظيميةجهود ها للتعر فعلاالمحتالينو تقديمهمللعدالة□ لكنبسببنطاقالتعاملا
تبالبيتكوينعلننطاقعالمي، يصعبتتبعواسترجاعاالأموال.

تتأثرمستقبلتنظيمالعملاتالرقميةبشكلكبيربالقضاياالقا و ية الجدلالمحيطبالبيتكوين .
تحقيقالتنسيقبينالتشريعات□ تعزيزحمايةالمستهلك□ تحقيقالتوا□ بينالابتكا□□ التنظيم□ ال
تعا□□ الت□ ليهيعو املهامة□ يجبعلىصن□ عيالسياساتو الجهاتالتنظيميةمراعاتها.

للتغلبعلىطبيعةالتنظيمغيرالمتسقللبيتكوين، منالضر□□ يتحقيقالتنسيقالتنظيميعبرالح□□ د .
يمكنأ□ تشجعالتعا□ بينالحكوماتالوطنية□ الهيئاتال□ لية علىتحقيقتشريعاتموحدة□ تسهيلتباد
لالمعلومات□ المساهمةفيمكافحةالجريمةالعابرةللح□□ د .

لضم□ الثقةفيمنيستخدمو البيتكوينللتعاملات، في□ قول ينحمايةالمستهلكالقويةضر□□ ية .
يجبعلىالجهاتالتنظيميةفرضمتطلباتأم□ صا□ مة علىمنصاتتبادلالعملاتالمشفرة□ تشجيعالش
فافية□ توعيةالجمهو□ حولالمخاطر□ أفضلالممل□ ساتالمتعلقةبالبيتكوين

منالمهمبمكا□أ□ نحققالتوا□ الصحيحبينتشجيعالابتكا□ فيعالمالعملاتالرقمية□ تقليلالمخاطر .
تشجيعالابتكا□ المسو□ لمعالحفاظعلىنزاهةالنظامالماليشكلتحديًاللجهاتالتنظيمية .
تحقيقهذاالتوا□ سيعززالتطو□ التكنولوجيبينمايضمنسلامةالعملاء□ الامتثالالقا□و□ي.

منأجلالتعاملمعالقضاياالقا□و□ية□ منعالأ□شطةغيرالقا□و□يةفينظامالبيتكوين،يعدالتعا□□ الد□
ليأمرًاضر□□ يًا .
يجبعلىجهات□ فاذالقا□و□ التعا□□ بشكلأفضللتنظيمالبيتكوينبشكلأكثرفعالية□ تبادلأفضلالمما□
سات□ إقامةمنصاتللتعا□□ الد□ لي.

تسلطالقضاياالقا□و□ية□ الجدلالمحيطةبالبيتكوينالضوءعلىالتحدياتالكبيرةفيحكمعملة□ قمية
لامركزية .
تواجهالحكوماتوالهيئاتالتنظيميةعقباتقا□و□ يةكبير□ة تيجةلتباينالأساليبالتنظيميةالمختلفة□
الأ□شطةالإجرامية□ قضاياحمايةالمستهلك .
يتطلبالتعاملمعهذهالتحدياتاستراتيجيةتعا□□ ية□ مستقبليةتحققالتوا□ بينالابتكا□□□ صدالأ□ظ
مةالتنظيمية□ حمايةالمستهلك .
يمكنلص□ عيالسياسات□أ يساعد□ افيخلقمستقبلأكثرأما□ًا□ تحكمًاللعملاتالرقميةمنخلالالتفا□ ض
حولهذهالتعقيداتالقا□و□ ية،معضما□ تحقيقالفوائدالمحتملةمعتقليلالمخاطر.

الفصل السابع

تأثير البيتكوين على مختلف الصناعات

التكنولوجيا المالية والبنوك

يشهد صعود العملة الرقمية المفوضة المستقلة بيتكوين تأثيرًا اكبيرًا على الصناعات التكنولوجيا المالية والبنوك .

لقد وضعت تكنولوجياتها المبتكرة طبيعتها المخترقة الأنظمة المالية الحالية على المحك وخلق تف صًا جديدة تمامًا لتحقيق الشمول المالي وزيادة الكفاءة وتعزيز الشفافية .

يستكشف هذا القسم التأثير المخترق للبيتكوين على البنوك والتكنولوجيا المالية ، مع التركيز على أنظمة الدفع وعمليات التحويلالية وخدمات البنوك والنظام المالي الكبير بشكل عام.

بإمكان البيتكوين أن يقدم إحدى أهم إسهاماته فيقطاع التكنولوجيا المالية فيتأثير ه على أنظمة الدفع . تقوم معاملات البيتكوين بالتخلص من الوسطاء التقليديين مثل البنوك ومعالجيا لدفع ، مما يسمح باتماما لمعاملات بسر عة بتكلفة منخفضة للتحويلات النقدية المباشرة بين الأفراد .

يمكن أن يؤدي هذا التأثير إلتغيير كامل فيطريقة إجراء المدفوعات ، خاصةً فيما يتعلق بالمعاملاتالالية .

مثال الممتاز على الإمكانيات التحولية للبيتكوين هو استخدامه فيمجال التحويلالأموال .

يمكن أن تكو خدمات التحويلالتقليدية ذات تكاليف عالية وتتطلب إجراءات طويلة .

من ناحية أخرى ، يقدم البيتكوين بديلاً أكثر اقتصادية وفعالية .

يمكنللأفراد إرسالو استقبالالتحويلات عبر الحد ودباستخدامهيكلالبيتكوين اللامركزي و المعاملات الفور يةتقريبًا .

◻ يؤديذلكإلىالقضاءعلىالحاجةإلىالمؤسساتالمصرفيةالتقليدية◻ تقليلالتكاليفلكلمنالمرسلينوا لمستلمين.

◻ بشكلخاصفيالمناطقالتيتفتقر إلىالوصولإلىخدماتالبنوكالتقليدية،يتمتعالبيتكوينبالقد◻ ة على سدالفجوةبينالسك◻ المصرفيينو غيرالمصرفيين .

يمكنللفرد◻ إ◻ شاءمحفظةبيتكوينو المش◻ كةفيالنظامالماليالعالميباستخدامهاتفذكيو◻ صولإلى الإ◻ تر◻ ت .

◻ هذايتيحأ◻ لئكالذينلايمتلكو وصولاً إلىالحساباتالبنوكالتقليديةاستغلالالخدماتالماليةالأساس يةمثلإ◻ سالواستقبالالأموال◻ توفيرالأموال◻ إجراءالمعاملات.

◻ علا◻ ةعلىذلك،يتيحللأ◻ خاصالعيشفي◻ لتع◻ يمن◻ ظمةماليةغيرموثوقةأ◻ معدلاتتضخممر تفعةبديلاًبفضلالهيكلاللامركزيللبيتكوين .

يمكنللأفراد الذينيخضعو◻ لضوابطر أسالمالأ◻ التضخمالمفرط الحفاظعلش◻ تهمفيالبيتكوكو سيلةللحمايةمنهذ هالمخاطر◻ للحفاظعلىقوة◻ رائهم.

هناكطريق◻ا◻ يؤثربهماالبيتكوينعلىخدماتالبنوكالتقليدية .
أ◻ لاً،يتحدو ظيفةالبنوكالتقليديةكوسطاءفيالمعاملاتالمالية .
بد◻◻ الاعتماد علىمنظمةمركزية،يمكنللأ◻ خاصالتحكمالمبا◻ ر◻ إدا◻ ةأمو الهمبو اسطةالبيتكو ين .
منخلالالإلغاءالوساطة،يمكنللمستخدمينتقليلالتكاليفو تسريعالمعاملاتو تحقيقاستقلاليةماليةأ كبر.

ثا◻ ياً،ظهرتبو◻ صاتالعملاتالمشفرة◻ هيفئةجديدةمنمقدميالخدماتالماليةنتيجةللبيتكوين .
يمكنللأ◻ خاصشراء◻ بيعوتبادلالبيتكوينو العملاتالمشفرةالأخر◻ علىهذ هالمنصات .
تمنحبو◻ صاتالعملاتالمشفرةالعملاءمر◻◻◻ إمكا◻ يةالوصولالأكبرفيادا◻ ةأصولهمالرقميةم◻ خلالتجنبالقنو اتالماليةالتقليدية .
◻ معذلك،تعتر ضهاتحدياتتنظيميةحيثتكافحالبلد◻ لو ضعأطر تضمنحمايةالمستهلكو منعغسيلا لأمو الوغيرهامنالأ◻ شطة.

تأثير البيتكوين على القطاع المصرفي و التكنولوجيا المالية يثير أيضًا أسئلة حول الامتثال و التنظيم .
إبإ شاء أطر تحقق تو ار ً ابين حماية المستهلك و الابتكا يشكل مشكلة للحكوماتو الهيئات التنظيمية .
منبينالعو املا لأ همذكرها:

لتجنب استخدام البيتكوين في أعمال غير قا في ية تمثل غسيلا الأموا ل و تمويلا لإ هاب ، يجب على الجهات التنظ
يمية تنفيذ متطلبات مكافحة غسيلا الأموال (AML) معرفة العميل (KYC).
لضم الامتثالو الحفاظ على نزا هة النظام المالي ، تخضع بو صات العملات المشفر ة مقدمو الخدما
تالأخر بشكل ملتز ايدلهذ هالقواعد.

يجب على الجهات التنظيمية التأكد من و جود تدابير حماية المستهلك المناسبة معنمو استخدام البيتكوي
ن يتضمن ذلك التدابير الوقائية ضد الاحتيالو السرقة سوء استخدام الأموال .
يمكن تمكين المستهلك من اتخاذ قر ار ات مستنير ة حماية أ فسهم من أي مخاطر مرتبطة باستخدام الب
يتكوين من خلال المش كة في حملات التوعية التثقيف .

بالنسبة للجهات التنظيمية ، يشكل فر ض الضر ائب على البيتكوين مشكلة صعبة بشكل خاص .
منالمهم التفكير بعناية عند اتخاذ قر ا بشأ التصنيف الضر يبي الصحيحو مو اصفات التقرير تقنيات
التقدير المناسبة لمعاملات البيتكوين .
تعملالحكو ماتعلو ضعأطر لضم دفع المكلفين الضر ائبهم معمنعالتهر يبي بالضر يبي المحتمل.

التعا ل ليأمر أساسي لتحقيق التنسيق التنظيمي و الرقابة الفعَّالة ظرً اللطابع العالمي للبيتكوين .
يمكن أ تساهم مش كة أفضل الممار سات إقامة آليات لتبادل المعلومات تشجيع التعا بين الجها
تالتنظيمية كلها فيتعزيز استر اتيجية متسقة مخططة بعناية للتعامل مع المشكلات التا لية التي تطرأ
تيجة للبيتكوين.

لقد ك للبيتكوين تأثير كبير على صنا عتيالتكنولوجيا المالية البنوك ، حيثقامبتحويلا أ ظمة الدفع
تمكين الشمو لا لمالي تعطيلممار ساتالبنوك المُرَسَّخَة .
يستطيع الأفر اد إجر اء معاملات نقدية بينهم مبا ر ة الوصول الخدمات مالية أساسية تخزينالأم
الفيالمناطق التي تفتقر ا لبنية مصر فيأ اقتصاد اتغير مستقر ة باستخدام البنية اللامركزية الت
كنولوجيا المبتكر ة للبيتكوين.

□ معذلك، تثير هذه القوة المُقْلِبَة أيضًا قضايا فيما يتعلق بالتنظيم والامتثال .

يجب على الحكومات والهيئات التنظيمية تحقيق توازن بين مصلحة حماية المستهلكين ومصلحة الابتكا□ .

يجب□ تأخذ الجهات التنظيمية في ا عتبا□ ها عواملها مهامة مثل□ شاء أطر لقوا عد مكافحة غسيلا الأموال و معرفة العميل□ الحفاظ على حماية المستهلك□ التعامل مع الضرائب□ تعزيز التعا□□ الد□ لي.

من المرجح أ□ يزداد تأثير البيتكوين على صناعة التكنولوجيا المالية□ البنوك كمعتطوير ها الإضافي .

يمكن تحقيق نظام مالي أكثر□ مولًا□ فعالية□□ فافية من خلال الاستغلال الفرصو حلا المشكلات .

إمكا□ يات البيتكوين للتغيير كيفية تفا علا الأفرا□□ الشركات مع النظام المالي و تشكيل المستقبلا الأمو□ المال ية في قطا عيا التكنولوجيا المالية□ البنوك هي هائلة .

التجارة الإلكترونية

تقديم البيتكوين، العملة الرقمية اللامركزية، قد أحدثتو□ ة في عالم التج□□ ة الإلكتر□□ ية□ قد قلبت تمامًا منظومة التجزئة عبر الإ□ تر□ ت .

يستكشف هذا القسم التأثير الكبير للبيتكوين على التج□□ ة الإلكتر□□ ية، مسلطًا الضوء على فوائد هلكلم

□ المستهلكينو الأعمالالتجا□ية، بالإضافةإلىعيوبهوتأثيراتهالمحتملةالمستقبليةعلىالتسوق
برالإ□ت□ت.

البيتكوينيقدممجمو عةمنالفوائدالكبيرةللتجا□ التجزئةعبرالإ□ت□ت، محدثًاثو□ةفيكيفيةإد□ته
مللأعمالو التفاعلمعالعملاء.

أ□لًا، بالمقا□□ةمعخيا□اتالدفعالمثبتةأكثرمثلبطاقاتالائتما□أ□ التحويلاتالمصرفية، غالبًاماتكو
□معاملاتالبيتكوينتتحملرسوممعاملةأ□خص .
□ظرًا التقليلالتكاليف، يمكنللشركاتالآ□ تحقيقأقصىحدمنهوامشالربحالخاصةبهموتقديمأسعا□
تنافسيةللعملاء.

ثا□يًا، □ظرًا للعدموجودحد□دجغرافيةللبيتكوين، يمنحالأعمالالقاعدةعملاءأ□سع .
منخلالالسماحللعملاءبالدفعبواسطةالبيتكوين، يمكنللشركاتالتجا□ةالإلكترو□يةالوصولإلىعم
لا ءقديواجهو□صعوبةفياستخدامالأ□ظمةالمصرفيةالتقليدية أ□ الذينيفضلو□البساطة□الأما□ال
ذيتوفرهاالعملاتالرقمية.

علا□ةعلىذلك، بالمقا□□ةمعوسائلالدفعالتقليدية، تقدممعاملاتالبيتكوينفتراتتسويةأسرع .
□ هذايمكنمنمعالجةالطلباتو□حنهابشكلأسر عللتجا□ منخلالالتقليلالفجو اتفيالتدفقالنقديوتسر
يعاستلامالمدفو عات.

أخيرًا، بسببعدمقابليةاستر دادمعاملاتالبيتكوين، يتماضافية□ جةإضافيةمنالحمايةضدالاحتي
ال .يعززحمايةالتجا□ ضدالادعاءاتالخاطئة□ استر دادالأمو الثقةالعملاء□ التجا□ .

بالإضافةإلىذلك، يقدمالبيتكوينمجمو عةمنالفوائدللعملاءالذينيشتر□□□ عبرالإ□ت□ت، ممايعزز
تجربتهمفيالتسوقعبرالإ□ت□تويمنحهمحريةماليةغيرمسبوقة.

فيالعصر الرقمي، تشكلالخصوصية□ الأم□□ أهمالاهتماماتللعملاء .
منخلالالتمكينالمستخدمينمنإجرا ءمشتريات□□□ الكشفعنمعلوماتهمالشخصيةالحساسة، توفرم
عاملاتالبيتكوينمستو□معينمنالخصوصية .
□□□تيجةلذلك، يقلاحتمالحد□ثا□تهاكاتالبيا□اتوسرقةالهوية .

بالإضافة إلى ذلك، بالمقارنة مع أنظمة الدفع التقليدية، توفر الطبيعة اللامركزية للبيتكوين مزيدًا من الأمان ضد الاحتيال والمتسللين.

الوصول العالمي هو فائدة أخرى هامة تقدمها البيتكوين .
من خلال البيتكوين، يمكن للأفراد خاصة في المناطق التي يتعذر يمنو صول محدد إلى الأنظمة المصرفية التقل يدية المشاركة في التجارة الإلكترونية النشطة .
يشمل ذلك الفئات المجتمعية التي يمنن نقصان التمويل ولا التي لا تمتلك حسابات بنكية، حيث يمكنهم استخدام بيتكوين كوسيلة ملائمة آمنة للقيام بعمليات الشراء عبر الإنترنت .
بالإضافة إلى ذلك، يمكن للبيتكوين تيسير التجارة الدولية من خلال الحاجة إلى التحويلات العملات التكلفة.

بالإضافة إلى ذلك، يمنح البيتكوين المستخدمين مزيدًا من السيطرة على معاملاتهم المالية .
يمكن للأفراد إدارة أموالهم بشكل مستقل من خلال المحافظ البيتكوين، دون قيود البنوك أو الوسطاء .
هذا يمنح المستخدمين مزيدًا من السيطرة حيث يمكنهم إجراء المعاملات وفقًا للشروط هم، بغض النظر عن القيود أو ساعات العمل المصرفية.

أخيرًا، يكافئ بعض تجار التجزئة عبر الإنترنت العملاء الذين يستخدمون البيتكوين عن طريق منحهم خصومات وفوائد أخرى .
يتلقى العملاء قيمة إضافية نتيجة لذلك، مما يعزز تجربتهم التسوق بشكل كبير.

بينما يتمتع البيتكوين بالعديد من الفوائد للتجارة الإلكترونية، إلا أن هناك مشاكل أن تحديات يجب مراعاته ا.

أولاً قبل كل شيء، تواجه العملاء الأعمال الصعوبات نتيجة لتقلب أسعار البيتكوين .
يمكن أن يكون للقيمة المتغيرة للبيتكوين تأثير على خطط التسعير لدى التجار علا التحكم في المخزون، علىها وامش الربح بالمثل، قد يشعر العملاء بعدم اليقين بشأن قيمة حيازاتهم من البيتكوين .
يمكن معالجة هذه المشاكل من خلال توظيف أساليب للتقليل من هذه التقلبات، مثل التحويلا الفورية بالعملة القانونية وأ استخدام العملات المستقرة.

ثانيًا، يعتمد فقط جزء صغير من التجارة الإلكترونية على البيتكوين كآلية شائعة للدفع .
الاستخدام والإمكانيات المتاحة للبيتكوين مقيدة حاليًا بسبب عدم قبول العديد من مواقع التجارة الإلكترونية

□ ية□ التجا□ له .

يتطلباستيعابالبيتكوينبكاملإمكا□ اتهفيالتجا□ ةالإلكتر□□ يةتعزيز استخداما□ سعمنخلالالشراكاتوالمكافآتوالتثقيف.

الحكوماتوالهيئاتالتنظيميةلاتزالتحا□ لمعرفةكيفيةتصنيفوالتحكمفيمعاملاتالبيتكوين،لذلكالبيئةالتنظيميةالمحيطةبهذاالنوعمنالعملاتفيالتجا□ ةالإلكتر□□ يةلاتزالقيدالتغيير .
□ يشملذلكالقلقبشأ□ حمايةالمستهلكوسياساتمكافحةغسلالأموال.(AML)

امتثالالتشريعاتأمرضر□□ يللتجا□ التجزئةعبرالإ□ تر□ تالذينيقبلو□ البيتكوين .
يتعينعليهمالتنقلفيالالتزاماتالقا□ و□ يةالمتصلةبالمعاملاتالمالية،مثلالالتزامبمعايير "تعرفعلىعميلك (KYC) "□ معاييرمكافحةغسلالأموال .(AML)
لضما□ الامتثالوحماية□ زاهةالنظامالمالي،يجبوضعتدابيرأما□ مناسبة□ يجبالاحتفاظبسجلاتالمعاملات.

بالإضافةإلىذلك،يشعركلمنالعملاء□ الأعمالبقلقبشأ□ الضرائبالمفر□ ضةعلىمعاملاتالبيتكوين

.

تسعىالسلطاتالضريبيةإلىوضعلوائحللكشفعنمعاملاتالبيتكوينوفرضالضرائبعليها،معمراعاةعواملمثلالتقدير□ الربحالرأسمالي□ تأثيراتالقيمةالمضافة .(VAT/GST)
□ لضما□ الامتثالوتبسيطدمجالبيتكوينفيالهياكلالضريبيةالحالية،يتطلبالأمرقواعد□ اضحة□ متسقة.

قدتتأثرمستقبلالتجزئةعبرالإ□ تر□ تبمدىتأثيرالبيتكوينعلىالتجا□ ةالإلكتر□□ يةفيالسنواتالقادمة

معتزايدقبولالبيتكوينوتوضيحالأطُرالتنظيمية،منالمرجحأ□ يزدادالتبني .
□ سيؤديذلكإلىزيادةعددمواقعالتجا□ ةالإلكتر□□ ية□ الشركاتالتيتقبلالبيتكوينكوسيلةللدفع،ممايوفرللعملاءخيا□ اتإضافية□ يجعلالبيتكوينأكثرفائدةللمعاملاتالعادية.

منالمتوقعأيضًاأ□ يشهدقطاعالتجزئةعبرالإ□ تر□ نا□ تعا□ ً افيتقنياتالدفع .
ستظهرمعالجاتالدفعالجديدة□ تكاملالمحافظ□□ اجهاتالمستخدمسهلةالاستخدامبينماتتناف

سالشركاتلخدمةالقاعدةالمتزايدةمنمستخدميالبيتكوين،ممايبسطعمليةالدفعويعززالتبنيالأك
بر .

منالمشجعأيضًاعلىالتجا□ةالإلكتر□□يةدمجتكنولوجياالبلوكشين□ التيتشكلأساسالبيتكوين .
يمكن□ تستفيدالتجا□ةالإلكتر□□يةمنزيادةالشفافية□ الثقة□ الكفاءةبفضلحلولالبلوكشينمثلتتبع
سلسلةالتو□يد□ التحققمنالمنتجاتوالأسواقاللامركزية .
يمكن□ يفتحدمجتكنولوجياالبلوكشينمعمنصاتالتجا□ةالإلكتر□□يةآفاقًاجديدة□ يحولكيفيةتفاع
لالشركاتوالعملاء .

لقدأحدثالبيتكوينتأثيرًاإيجابيًابشكلكبيرعلىالتجا□ةالإلكتر□□ية،محولًاأطرقالدفع□ ممكنًاالت
ضمينالمالي□ مخترقًاالمم□ ساتالبنوكالمُرسَخة .
تتضمنفوائدالبيتكوينللشركاتتكاليفالمعاملاتالمنخفضة□ الوصولإلىالأسواقالعالمية□ تسو
يةالمدفوعاتبشكلأسرع□□□ خفاضفرصالاحتيال .
يستفيدالعملاءمنتحسينالوصولالعالمي□ الخصوصية□ الأمان□ إد□ ةالمالالفعّالة .
□ معذلك،يجبحلقضايامثلتقلبالأسعا□□□ خفاضالتبني .
يبي□ مستقبلالبيتكوينفيالتجا□ةالإلكتر□□يةمشر□قًابسبب□ تفاعشعبيته□ التقدمفيوسائلالدفع،
□ تكاملتكنولوجياالبلوكشين .
البيتكوينيغيركيفنشتري□ بيعالسلعوالخدماتعبرالإ□ت□ تمعتطو□ قطاعالتجزئة،ممايخلقفرصً
اجديدةللشركاتوالعملاءعلىحدسواء

التحويلاتوالمعاملاتالحدودية

ظهو□ البيتكوين،العملةالرقميةاللامركزية،قدتسببفيتحولهائلفيعالمالتحويلاتالماليةالمعام
لاتالحد□دية .
تمتلكتقنياتالتحويلاتالماليةالحد□ديةالتقليديةالتي□ خ□اطويلًالأمنالا□ تباطرسوممرتفعة□ فتراتمعال
جةطويلة□ إمكا□ياتمحد□دة .
□ معذلك،ظهرالبيتكوينكبديلمبتكر،يغيركيفية□ سالالأموالإلىالخا□ ج .
يتنا□ لهذاالقسمكيفجعلالبيتكوينتأثيرًاكبيرًاعلىالتحويلاتالماليةالمعاملاتالحد□دية،مؤكدًاف

□ائد هلكلمنا لمرسلينو المستلمين، فضلاً عنتحدياتهو تأثير اتها لمحتملة فيا لمستقبلعلا لتحويلا
تا لمالية الا□لية .

البيتكو ينيقدم مجمو عةمنا لفوائد للتحويلا تا لمالية الا□ يوفرخيا□ أكثرفعالية□ تكلفةمناسبة□ سه
□لةفيا لوصوللا□ لئكا لذينير غبو فيا□ سالا لأمو الإلا لخا□ ج .

أ□ لاً قبلكلشيء، بالمقا□□ةمعا لخيا□ اتا لتقليدية للتحويل ، غالبَّاماتكو□ معا ملاتا لبيتكو ينذا تتكالي
فأ□ خص .
يمكناجرا ءمعا ملاتا لبيتكو ينبرسو مأقلبكثير منتلكا لتييتقاضا هامقدمو الخدماتا لتقليدية ، الذيني
فرضو غالبًّا سومًَاتترا□ حبين 5% □ 10% منا لمبلغالإجماليا لمحول .
يمكنللأ□ خاصا لذينير غبو فيا□ سالا لأمو اللأقا□ بهمأ□ منيحبو□ فيا لخا□ جتخفيضتكاليفهمبشكل
كبير منخلاالاستفادةمنهذ هالكفاءةمنحيثا لتكلفة .

بالمقا□□ةمعمقدميا لتحويلا تا لمالية ا لتقليدية ، تقدممعا ملاتا لبيتكو ينفتر اتدفعأسر عبالإضافة إل
ىتكاليفأقل .
يمكنمعالجةمعا ملاتا لبيتكو ينفيغضو□ دقائق ، علىعكسا لتحويلا تا لمصر فية التيقدتستغر قأيامًّا□
حتىأسابيعطلالاكتمال .
يضمنذلكأ□ يتلقىا لعملا ءبسر عةا لأمو الا لتييحتاجو□ ها عندتسريعتو فير الأمو اللهم .
□ عندالحاجة إلمسا عدةمالية فو□ ية ، يكو□ هذا لتوقيتمهمًَّا للغاية .

بالإضافة إلىذلك ، يجعلالطابعالا مركزيلل بيتكو ينمنا لسهلعلاالأ□ خاصإجرا ءتحويلاتماليةا□ لي
ة .
بالنسبةلأ□ لئكا لذينيعيشو□ فيمناطقتحظر الوصو لإلىا لخدماتا لمالية ، مثلالفئاتا لغير مصر فيةأ□ ا
لقليلةا لمصر فية ، تكو□ هذهالوصولية مفيدةللغاية .
منخلالتجا□ زا لقيودا لمفر□ ضةمنقبلأ□ ظمةا لبنو كا لتقليدية ، يمكنللمستخدمينا□ سالو استلامالأ
مو البو اسطةا لبيتكو ينببساطة عندمايكو□ لديهمإمكا□ ية الوصو لإلاالإ□ تر□ تو محفظةا لبيتكوين .

بالإضافة إلىذلك ، منخلالتمكينالأ□ خاصا لذينتماستبعادهممنالأ□ ظمةا لمالية ا لتقليدية ، يعزز الب
يتكو ينا لتضمينا لمالي .
بد□□ الاعتماد علىا لبنو كا لتقليدية ، يمكنلأيشخصا ستخداما لبيتكو ينللوصو لإلخدماتمالية أس

اسية بما في ذلك الدفع والإيداع والتحويلات .

يمكن للأفراد غير المخدمين الاستفادة من ذلك كلأ هسيمنحهم فرصًا لتحقيق الاستقرار المالي والنمو الاقتصادي .

بينما هناك العديد من الفوائد في استخدام البيتكوين للتحويلات المالية والمعاملات الدولية ، إلا أن هناك عدة قضايا يجب مراعاتها .

تقلب سعر البيتكوين هو أحد المشاكل الرئيسية .

يواجه كل من المرسلين و المستلمين للتحويلات عدم اليقين بسبب القيمة المتقلبة للبيتكوين .

نظرًا للتقلب أسعار البيتكوين ، قد يختلف المبلغ الذي يتلقاها المستلم بعملتها المحلية .

يمكن أن تساعد استراتيجيات مثل التحويلات السريعة إلى العملة المحلية أو استخدام العملات المستقرة في تثبيت القيمة ضمن توقعات دخول النقد والودائع لتقليل هذا الخطر .

إطار التنظيم المحيط بالبيتكوين و تأثيره على التحويلات هو يء آخر يجب مراعاته .

لوقف غسيل الأموال و تمويل الإرهاب و غير هامنا الأنشطة غير القانونية ، تتناقش الحكومات في جميع أنحاء العالم حول كيفية مراقبة ورصد المعاملات المالية للبيتكوين .

يعتمد التوسع الطويل الأمد في خدمات التحويلات القائمة على البيتكوين على إنشاء أطر تنظيمية شفافة تعنى بحماية المستهلك أولوية معد عمالات بتكوين

بالإضافة إلى ذلك ، يستخدم جزء صغير فقط من الناس البيتكوين كوسيلة شائعة لتحويل الأموال .

يمكن أن تختلف إمكانية الوصول إلى البوابات الخاصة بالبيتكوين وسيولتها إلى العملات المحلية بشكل كبير بين المناطق الجغرافية .

يتطلب الاستخدام الواسع للبيتكوين في مجال التحويلات و الأموال المزيد من التبني و زيادة سيولته و تطوير خدمات الصرف الموثوقة .

أخيرًا ، قد تنشأ تحديات التبني بسبب التعقيد التقني للبيتكوين و حاجة التثقيف .

نظرًا للعديد من الأشخاص قد لا يكونوا على دراية بالعملات الرقمية ، يمكن أن يكون إعداد محفظة بيتكوين وإجراء المعاملات أمرًا صعبًا .

يمكنتمكين الأشخاص من استخدام البيتكوين لتحويل الأموال الموثقة إذا تم تعزيز المعرفة و تبسيط تجربة المستخدم من خلال واجهات سهلة الاستخدام و الموارد .

معآثا كبيرة علىمستقبلتحويلاتالأموالالم لية، يتوقع أ تستمر تأثير اتالبيتكوينعلىتحويلاتالأمو الو المعاملاتالحد ديةفيالتغير .

منالمتوقع أ تصبحخدماتتحويلاتالأمو الباستخداماالبيتكوينأكثر فعالية فعالية معزيادة اعتمادال بيتكوينوتوضيحاالأطر التنظيمية .

منصاتالندللند الابتك اتالأخرى، مثلمعالجيالدفعالمخصصةلتحويلاتالبيتكوين، ستسهلأكثر عملية التحويلو تقللالتكاليفو تحسنامكا ية الوصول .

 ظرًالله الهيكلاللامركزيللبيتكوين، الذييمكنالأ خاصفيالمناطقالتييتمتجا هلهامنالمش كةفيتح يلاتالأمو الو المعاملاتالحد دية، منالمتوقع أ يزيدالتضمينالمالي .
 الوصولإلىالخدماتالماليةالأساسيةيمكنالناس يشجعلريادةالأعمال يولد موً اقتصادئ ا .

بالإضافةإلىذلك، يمكنأ يستفيدقطا عتحويلاتالأمو المندمجتكنولوجيالبلوكتشين، التكنولوجياالأ ساسيةللبيتكوين .
يمكنتحسينالشفافية التتبعوالأم ا فيالمعاملاتالحد ديةجميعهامنخلالالحلو لمبنية علتكنولوج ياالبلوكتشين .
قدتقدممقدمو خدماتتحويلاتالأمو الخدماتأسر عوأكثر أمً اً قابلةللتدقيقمنخلالاستخدامالتكنول جياالبلوكتشين، ممايغير تمامًاصنا عةتحويلاتالأموال

عالمالتحويلاتالماليةالم ليةيتغير تيجةلتأثير البيتكوينعلىتحويلاتالأموالو التجا ةعبر الحد د .
يقدمالبيتكوينبديلاًثو يًّالتقنياتالتحويلاتالتقليديةبسببتكلفتهاالمنخفضة أ قاتالمعاملاتالأسر عوإمكا يةالوصولالموسعة .
لتحقيقالاستفادةالكاملةمنامكا ياتالبيتكوينفيتحويلاتالأموال، يجبحلقضايامثلتقلبالأسعا ال مخا فالتنظيمية حواجز التبنيو التعقيد التكنولوجي .
فيالمستقبل، تقدمالتحسيناتفيالأ تاجية التضمينالماليو استخدامتكنولوجيالبلوكتشينو عدّالم ستقبلالبيتكوينفيتسهيلالمعاملاتالحد ديةالبسيطة الميسرة التيستعودبالفائدة علىالناسوالع ائلاتفيجميع حاءالعالم .

التأثيرالاجتماعيوحالاتالاستخدامالغيرربحية

لقدتخطتالعملةالرقميةاللامركزيةالمعر□□فةباسمالبيتكوين□□ هاكأداةمالية□ أصبحتتعملبشك لمتزايدكدافعلأعمالالخيرية□ التأثيرالاجتماعي .

توفرتكنولوجياالبلوكتشين،التيتقوممعلندعمها،□فافية□ أم□ا□ كفاءةلامثيللها،ممايجعلهاأداة فعالةلتحقيقتغييرإيجابي .

تتن□ لهذاالقسمكيفيؤثرالبيتكوينفيمش□ يعالتأثيرالاجتماعيومنظماتالخير،مسلطًاالضوءعل ىالتطبيقاتوالفوائدالعديدةالتييقدمهالمجالاتمتنوعة .

خاصةفيالأماكنالتيتفتقرإلىالوصوللملائمالإمالمؤسساتالمصرفيةالتقليدية،يسهمالبيتكوينبشكل كبيرفيتعزيزالتضمينالمالي .

يمكنللمنظماتالغير□ بحية□ مجموعاتالتأثيرالاجتماعي□ أ□ توفر□ سيلةللأفرادللمش□ كةفيالاقت صادالعالمي□ الوصولإلىخدماتمالية□ تعزيزأم□ا□ همالماليمنخلالاستخدامالبيتكوين .

يمكن□ تتمالمعاملاتبينالأفرادباستخدامالبيتكوينبفضلطبيعتهااللامركزية،ممايلغيالحاجةإلىالو سطاء□ المؤسساتالماليةالتقليدية .

□ هذايمنحالأفرادالسيطرةالمبا□ رةعلىأمو الهم،بعيدًاعنالقيود□ العقباتالمفر□ ضةمنقبل□ظم ةالبنوكالتقليدية .

بالإضافةإلىذلك،يعتبرالبيتكوينخيا□ امر غوبًاللمش□ يعالتمويلالصغيرةبسببرسومالمعاملاتال منخفضة .

منأجلمساعدةالمجتمعاتالتيتع□ يمنالإهمال،يمكنللمنظماتالغير□ بحيةاستخدامالبيتكوينلتقدي مقر□ ضصغير□ تسهيلالتجا□ ةال□ لية .

□ سيتيحذلكللأفرادبدءأعمالهمالخاصة□ تمويلتعليمهم□ العيشبشكلعامبحياةأفضل .

□ دًا علىالمخ□ فالواسعةحولكيفيةاستخداماالأمو الفيقطاعالجمعياتالغير□ بحية،تقدمتكنولوج ياالبلوكتشينالتيتشغلالبيتكوينشفافية□ مساءلةغيرمسبوقة .

يضمنالبيتكوي□أ□ يكو□ كلعمليةمالية□قابلةللتتبعوالتدقيقعنطريقالحفاظعلىسجلاتفيدفترحسابلا يمكنتغييرهومفتوح .

بسببهذهالشفافية،يمكنللمتبر عينتتبعنتائجتبر عاتهموالاطمئنا□ إلى□ أمو الهمتستخدمكماهوا لمقصود.

بالإضافة إلى ذلك، يمكن أتمتة تدفق الأمو البناءً على معايير محددة باستخدام عقو ذكية قائمة علتكنو لوجيا البلوكتشين لتحديد رط ط التمويل .

□ بهذا، لم يعد هناك حاجة للوسطاء □ تقليل النفقات الإدا ية □ يتم نشر المو □ د بشكل أكثر فعالية □ يصبح عملية التسهيل أكثر □ فتاحًا □ مساءلة.

البيتكوين هو أفضل خيا □ لتحويلات الأمو ال التبر عات التا □ لية بسبب طبيعتها الغير محد د □ الرسو مال معاملات التا □ يا .

يمكن □ تكو □ لطرق التحويلات التقليدية □ سو مباهظة □ أ □ قاتمعالجة طويلة، مما يجعل الأمر مكلفًا □ صع بَا على الأ □ خاص مساعدة المنظمات في الخا □ ج .

يقدم البيتكوين معاملات سريعة □ □ خيصة عبر الحد □ د، مما يتيح للمستخدمين تحويل الأمو المبا □ رة إ لال جمعيات الخيرية أ □ الأفر اد المحتاجين □ □ القيو د المفر □ ضة منقبلا أ □ ظمة المالية التقليدية .

بالإضافة إلى ذلك □ ظرًا لأ □ البيتكوين لا مركزي، لمتعد التحويلات التا الحد □ دية تحتاج إلا الاستخدام وسطا ء، مما يؤ دي الزيادة في مع د لالتبر عات التي تصل إلا المستفيدين المقصودين .

تخفض هذ ه الفعالية تكاليف تحو يلا العملات □ سو مال البنو كو تأخير ات المعالجة، مما يعزز تأثير التبر عا تو يسمح للمنظمات غير الحكو مية بإ فاق الأمو □ د بشكل أكثر حكمة.

في الموا قع التي تفتقر إلو الوصو ل لملائم الو ثائق الهوية □ في حالات الأز ماتالإ سا □ ية، تو فر تكنو لوجيا ال بلوكتشين بديلاً آمنًا □ صعب الاختر اق لإدا □ ة الهوياتالرقمية .

يمكن للمنظمات غير الربحية أ □ تمنح الأفر اد هويات مميز ة منخلال الاستخدام أ □ ظمة الهوية الرقمية الق ائمة علتكنو لوجيا البلوكتشين، مما يتيح لهما لوصو ل إلى الخدمات حيوية □ المساعد □ المو □ د المال ية .

□ هذا يقلل للمنا حتمال الاحتيال ويضمن توز يع المو □ د بطريقة مركز □ فعالة □ فافة، مما يساعد أ □ ئ كالذين يحتاجو □ إليها أكثر.

يمكن أيضًا الحلو لقائمة علتكنو لوجيا البلو كتشين تمكين تتبع شفاف لتوز يع المساعدات و الهدايا .

□ منأجل التأكد من أ □ المو □ د تُخصص وفقًا للمعايير المحددة □ تو فير □ وئية في عو □ ية في استخدام الأموال ، يمكن للمنظمات غير الربحية استخدام العقود الذكية □ أ □ ظمة سلسلة الإمداد القائمة علتكنو لوجيا لبلوكتشين . يعزز هذا المستو □ من الشفافية الم

علىالرغممنأ□ البيتكو ينيقدمآفاقًاكبير ةللمؤسساتالخيري□ المش□ يعذاتالتأثيرالاجتماعي،هن□ اكعدةقضايايجبمراعاتها.

الجمعياتالخيري□ المش□ يعذاتالتأثيرالاجتماعيالتيتعتمد علىتمويلمستقر قدتواجهصعوباتنت يجةلتقلبأسعا□ البيتكوين.
يمكنأ□ يتغير قيمالتبر عاتبشكلهائلخلالفتر اتقصير ةبسببالتقلبفيقيمةالبيتكوين.
يمكنتقليلهذ هالتقلباتعنطر يقتنفيذطر ق إدار ةالمخاطر ،مثلالتحويلالسر يعإلىالعملةالقا□ و□ ية أ□ ا ستخدامالعملاتالمستقرة.

يجبعلىالمؤسساتغير الربحيةالتف□ ضمعالبيئةالتنظيميةالمتغير ةباستمر □ التيتتعلقبالبيتكوي □ والعملاتالرقميةالأخرى.
للحفاظعلىالشفافية ومنعالأ□ شطة غير القا□ و□ ية، يعدالامتثاللمتطلباتمكافحة غسلالأموال (AML) □ معرفةالعميل (KYC) أمرًاأساسيًا.
للحفاظعلىالامتثالأثناءاستخدامفوائدالبيتكوين،منالضر □ يأ□ تكو□ المؤسساتعلىد□ ايةبالمتط لباتالقا□ و□ ية □ تعملمعمستشا□ ينقا□ و□ يين.

بالنسبةللاستخدامالشائع،منالمهمر فعمستو□ المعر فة□ الفهمحو لالبيتكوينو تكنو لو جياالبلوك تشينفيقطا عالخير.
لتمكينمو ظفيه□ المعنيينمنالاستفادة الكاملةمنإمكا□ ياتالبيتكوينفيالتأثير الاجتماعي،تحتاجال مؤسساتغير الربحيةإلىالاستثما□ فيبر امجالتعليمو بناءالقد□ ات.
يمكنأ□ تسا عدالتعا□ □ معنظماتالبلو كتشينو المحتر فينفيالتكنو لو جياعلىتسر يعقبو لالبيتكوينو تعزيز الابتكا□ فيالسوق.

بفضلالشفافية المتحسنة□ تحقيقالتضمينالماليو الكفاءة،تتر كالبيتكوينتأثير اًثو□ يًا علىالمش□ يعذاتالتأثير الاجتماعيو حالاتالاستخدامللمؤسساتغير الربحية،ممايمكنهامنتحقيق□ غيير إيجاب ي.
يمكنللجمعياتالخيريةتو سيعجمهو□ ها□ تحسينالشفافية□ تخفيضالتكاليف□ تبسيطالإجراء اتمنخلالاستخدامفوائدالبيتكوين.
علىالرغممنو جو دصعو باتيجبالتحكمفيها،مثلالتقلبو الامتثاللللتشريعات،إلاأ□ هناكإمكا□ اتكبير

ةلتحقيقتأثير اجتماعي .

يتيحتوظيفهذ هالعملةلامركزية تكنولوجيا البلوكتشينإمكا ياتهائلةلمواجهة القضاياالاجتما

عية الإساية بناء عالمأكثر عدالة دماجًابتز ايداستخداماليبتكوينوزيادةالمعرفة.

الفصل الثامن

الانتقادات والجدل المحيط بالبيتكوين

استهلاك الطاقة والمخاوف البيئية

أثارت العملة الرقمية اللامركزية المعروفة باسم البيتكوين الكثير من الاهتمام مؤخرًا بسبب إمكانيتها في تحويل الأوضاع المالية في الاقتصاد العالمي .

لكن مع زيادة قبول البيتكوين، ظهر تأيضًا مخاوف حول تأثيرها البيئي واستهلاكها للطاقة .

يستكشف هذا القسم متطلبات الطاقة لتعدين البيتكوين، تأثير هعلى البيئة، المباحات المستمرة لتح قيق توازن بين الابتكار والاستدامة في مجال العملات المشفرة .

الطريقة التي يتم فيها إنشاء البتكوين الجديدة تحقق المعاملات في سلسلة الكتل تعرف باسم تعدين البيتكو ين . يتضمن ذلك استخدام أجهزة كمبيوتر قوية لحل الألغاز الرياضية صعبة في إجراء يعرف بـ
" برهان العمل (PoW). "

يزداد صعوبة الحساب الحاسوبي مع ضمام المزيد من المنقبين إلى الشبكة، مما يتطلب المزيد من الطاقة

القوة الحاسوبية الكبيرة المطلوبة لحل هذا الألغاز هي مصدر استهلاك الطاقة المرتبط بتعدين البيتكو ين .

لتنفيذ الحسابات بسرعة، يستخدم المنقبون أجهزة متخصصة مثل الدوائر المتكاملة ذات التطبيق الخاص
(ASICs).

مع ذلك، نتيجة لهذا الإجراء المستهلك للطاقة، تمطر حأسئلة حول أثر الكربوني للبيتكوين واستدامته على المدى الطويل.

إن بعاثات الكربون و استخدام مصادر الطاقة غير المتجددة هي المشاكل البيئية الرئيسية التي تأثير تبس بباستهلاك البيتكوين للطاقة.

أولاً، يأتي معظم الكهرباء المستخدمة في تعدين البيتكوين من مصادر الطاقة القائمة على الوقود الأحفوري التي تنتج الغازات الدفيئة تسرع تغير المناخ.
تتزايد أثر الكربون لتعدين البيتكوين مع زيادة استخدام الطاقة.
وقد أثّرت هذه الزيادة في المناقشات حول التكاليف البيئية المرتبطة بعملة قمية تستخدم موارد دمحدودة تزيد من بعاثات الكربون.

ثانياً، يثير اعتماداً أشطة تعدين البيتكوين على مصادر الطاقة غير المتجددة، مثل الفحم والغاز الطبيعي، قضايا تتعلق بتأثيرها البيئي الضار تصاعد تغير المناخ.
أثير الحديث حول ضرورة التحول لمصادر الطاقة المتجددة من أجل تقليل الضرر البيئي نتيجة للكربون العالي المرتبط بتعدين البيتكوين.

هناك جهود كبيرة في تطوير تعدين البيتكوين لتحسين استهلاك الطاقة تعزيز مستقبل أكثر استدامة للع ملات المشفرة استجابة للمخاوف البيئية.

إلا أن تقالإلى مصادر الطاقة المستدامة لتعدين البيتكوين هو إستراتيجية هامة.
لتقليل أثرها الكربوني، تقوم العديد من عمليات التعدين بالاً تقال إلى المناطق تتمتع بوفرة من مصادر الطاقة المتجددة، بما في ذلك الطاقة الكهرومائية أو المزا المزايا الشمسية.
يمكن أيضًا تحسين الاستدامة من خلال الاستخدام الطاقة المتجددة الفائضة لعمليات التعدين التي قد تضيع خلاف ذلك.

استراتيجية أخرى لتقليل استهلاك الطاقة في البيتكوين هي تطوير تقنيات التعدين الفعالة من حيث الطاقة.
يتم استة تقنيات التوافق البديلة، مثل" برها الحصة "
(PoS)، التي تستخدم كميات أقل من الطاقة بكثير من" برها العمل "
(PoW)، من قبل الباحثين و المطو ين. يتيح" برها الحصة "
للمستخدمين تعدين أ التحقق من المعاملات استناداً إلى الكم

منخلالتمويلبر امجتعويضالكربون ،يقو مبعضعملياتالتعدينو□ ركاتالعملاتالمشفر ةبتحملمسؤ
□ليتا□ بعاثاتهاالكرب□ ية .

يسعو□ التحقيقتوا□ فيتأثير اتتعدينالبيتكوينعلىالبيئة عنطريقد عمبر امجتقليلا□ بعاثاتغاز اتالاح
تباسالحر ا□ يأ□ دعمالطاقةالمتجددة .

التعاملمعاستخدامالبيتكو ينللطاقةيتضمنأيضًاساسياساتو تنظيمات .

تأخذالحكو ماتو الهيئاتالتنظيميةفيا عتبا□ هاحو افز لاستخدامالطاقةالمتجددة□ تقييممتطلباتك
فاءةالطاقةلآلاتالتعدين□ زيادةالشفافيةفيتق□ير استهلاكالطاقة .

يمكنتحقيقمستقبلأكثر استدامةمنخلالز يادةالفهمالعامحو لتأثير اتالبيتكوينالبيئي□ تشجيعالت
صرفالمستدامبينمستخدميالعملاتالمشفر ة .

يمكنأ□ يشعلتثقيفالمنقبينو المستثمر ينو المستهلكينحو لتأثير اتالطاقةللبيتكو ينتبنيممل□ ساتأخ
ضر□ تطوير ثقافةاستدامة .

النقا□ المستمر حو لكيفيةتحقيقتوا□ بينالابتكا□□ الاستدامةفيصناعةالعملاتالمشفر ةيعكسها
لنقا□ حو لاستخدامالبيتكو ينللطاقة .

البيتكوينلديهالقد□ ةعلتغيير المالية□ لكنيجبتنفيذ هبعناية معمر اعةللبيئة .

مق□□ ةًبالنظامالماليالتقليدي ، يز عمالنقاد□ أ استخدامالطاقةفيتعدينالبيتكو ينغير فعّالو لامستدام
.

□ معذلك ، يؤكدأ□ صا□ هأ□ هنظرًالأ□ تعدينالبيتكوينيكو□ مر بحًافقطعنداستخدامصابا□ الطاقةالتي
تكو□ ميسو□ ةالتكلفة□ مستدامة ، في□ هيشجعلتطوير حلو لالطاقةالمتجددة .

التعا□□ بينأصحابالمصلحةأمر أساسيللعثو□ علتوا□□ بينالابتكا□□ الاستدامة .

يجبعلىالباحثينو المنقبينو المطو□ ينو التشريعيينو خبر اءالبيئةالتعا□□ لإ□ شاء□ تنفيذأفكا□ تقللم
□ تأثير البيتكوينالبيئي□□ تثبيطالابتكا□ .

مع□ تشا□ البيتكو ينبينالجمهو□ العام ، أصبحاستخدامالطاقة□ تأثير اتالبيئةمسائلحيويةفيالنق
اش .

علىالر غممنالطابعالذييستهلكفيهتعدينالبيتكو ينللطاقة□ اعتماد هعلمصابا□ الطاقةغير المتجد

دة، إلا أ□ هناك مب□□ ات لتقليل هذ□ القلق و تعزيز الاستدامة داخل نظام العملات المشفرة .
المفتاح لضم□□ مستقبل أكثر استدامة للبيتكوين و العملات المشفرة الأخرى هو الا□□ تقال إلى الطاقة المتج
ددة □□ شاء تجهيز ات تعدين طاقية فعّالة □□ تعويض□ بعاثات الكربون □□□ ضع تشريعات داعمة □ زياد
ة الو عي العام .
للحفاظ عل□ الاستدامة عل□ المد□ الطويل للعملات الرقمية ومعت□ قليل تأثير ها البيئي ، يجب تحقيق تو□□ بين الا
بتك□□ الاستدامة .

بيتكوين و الأنشطة غير القانونية

العملة الرقمية اللامركزية المعر□□ فة باسم البيتكوين أثا□□ ت□□ تبا ها بسبب إمكا□ يتها في تحويلا لأ□ ضاع
المالية□ الاقتصاد العالمي □□ معذلك ، ظهر تمخ□□ فحو ل □□ تباطها بالأ□ شطة غير القا□□ و□ ية .
يقوم هذا القسم بفحص العلاقة بين البيتكوين و الأ□ شطة غير القا□□ و□ ية ، مستكشفًا القضايا الرئيسية□
أهمية التنظيم□ المبا□□ ات الر امية□ لتعزيز المساءلة□ الشفافية داخل نظام العملات المشفرة .

هناك أسباب متعددة تجعل الناس ير بطو□ بيتكوين بالعمليات غير القا□ و□ ية .
□ ظر□ الطبيعته□ بها المجهو لة ، يمكن للمستخدمين التفا عل□□ الكشف عن هو ياتهم الحقيقية ، مما قد ي

سهم في ضمان السرية في التعاملات المالية.

علاوة على ذلك، يعتبر من الصعب على السلطات تتبع وتنظيم المعاملات بكفاءة بسبب الطبيعة اللامركزية للبيتكوين.

أثارت هذه الميزات أسئلة حول غسيل الأموال، والتهرب بالضرائب، والتجارة غير المشروعة، وغيرها من الأعمال الغير قانونية.

إحدى القضايا هي إمكانية استخدام البيتكوين لغسيل الأموال وتمويل الإرهاب.

يمكن أن يكون العثور على مصدر جهة الأموال التحدي صعبًا بسبب الطبيعة المجهولة للمعاملات البيتكوين.

يمكن للمجرمين الاستفادة من هذه السرية لتمويل عملياتهم غير القانونية، ومثال الإرهاب أو غسيل الأموال المكتسبة بشكل غير قانوني.

من المهم أن نتذكر أن معاملات البيتكوين تُسجل على سلسلة الكتل، قاعدة بيانات عامة.

الأطراف المعنية في المعاملات هي مجهولة، لكنها يخال المعاملات شفافة وقابلة للتتبع.

يمكن للسلطات تحديد وفحص الأنشطة المشبوهة نتيجة لهذه الشفافية تطور تقنيات تحليل سلسلة الكتل.

بالإضافة إلى ذلك، بطلت البيتكوين بالتداول غير القانوني، خاصة من خلال الأسواق الإلكترونية الغامضة (الدارك كنت).

تمكنت هذه الأسواق العتيقة على الشبكة الإلكترونية التي تمنح شراء وبيع السلع والخدمات غير القانونية.

أصبحت البيتكوين العملة المفضلة للمعاملات على هذه الشبكات بسبب طبيعتها المجهولة.

تمتمح لاتلوقفا لأنشطة غير القانونية على أسواق إلكترونية الغامضة.

فذت الجهات الإلكترونية فاذ القانونية يعمليات ناجحة لإغلاق الأسواق المعروفة القبض على الأشخاص الضالعين، خاصة المتورطين في أنشطة الإجرامية.

بالإضافة إلى ذلك، قامت الشركات المتخصصة في بحوث سلسلة الكتل التي يشاء أن تلمراقبة وفحص معاملات البيتكوين على سلسلة الكتل، مما يساعد في اكتشاف وفحص الأنشطة غير القانونية.

الأطر الأنظمة التنظيمية تضر بالرؤية في حل المشكلات المتعلقة بالبيتكوين والأنشطة غير القانونية.

يجب أن تكون العملات المشفرة موضوعة للتنظيم من قبل الحكومات في جميع أنحاء العالم للوقف غسيل الأموا

الوتمويلالإ هابو غير هامنالأ شطةالإجرامية .

تسعالسلطاتالإلتعزيز الشفافية تعزيز الأم و الحفاظعلىنز اهة النظامالماليمنخلالفرضالأ ظم
ق تدابير الامتثال .

يتعينعلىبو صاتالعملاتالمشفر ق مقدميالخدماتالتحققمنهو ياتعملائهمو الإبلاغعنالمعاملاتالم
بو هة بموجبتشريعاتمعر فتكعميلك (KYC) مكافحة غسيلالأموال (AML) .
منخلالتشجيعالشفافية الإ شاءمسا تدقيقمميز ، تساعد هذ هالطر قفيتقليلإمكا ية حد ثأ شطة
غير قا و ية .
معذلك، يجبتحقيقتوا ز بينالابتكا ميز اتحماية الخصوصيةللعملاتالمشفر ق القيودالقا و ي
ة .

تعملمجتمعالعملاتالمشفر ةبشكلفعّالعلىتعزيز الشفافية المساءلةداخلنظامالبيتكوين ، بالتعا
معالجهاتالتنظيمية المش كينفيالصناعة .

لقدتحسنتبشكلكبير ق ةتتبعمعاملاتالبيتكوينو التعر فعلىالأ شطةالمشبو هةمعإدخالأ ي اتتحل
يلسلسلةالكتلالمتقدمة .
تستخدمهذ هالتقنياتخوا ز مياتتعلمالآلة أساليبتحليلالبيا اتللبحثعنالاتجاهاتو الشذ ذ ، مماي
ساعدالسلطاتالإ فاذية فيتحقيقاتها .

لمعالجةمخا فالأ شطة غير القا و ية ، اتخذتصناعةالعملاتالمشفر ةخطو اتنحو التنظيمالذاتي .

منأجلتطوير أفضلالممـا سات تشجيعالامتثال إعلامالمش كينحو المخاطر الالتز اماتالم
تعلقةبالعملاتالمشفر ة ، تم شاءالعديدمنالجمعياتالصناعية الهيئاتالا عتمادية الذاتية .

منأجلمكافحةالأ شطة غير القا و ية ، يعتبر التعا بينمجتمعالعملاتالمشفر ق الهيئاتالإ فاذالق
و يأمرًا أساسيًا .
يمكنأ يجعلتباد لالمعلوماتو التعا فيالتحقيقات تبادلالمعر فةمعالجهاتالإ فاذية ، الجهود التن
فيذية أكثر فعالية تحسينالمعر فةبتطو المشهدالتهديدي .

منالمهمبشكلحيويتوعيةالجمهور حولالمخاطر التحدياتالمترتبةعل تباطالبيتكوينبالأش طةغيرالق ية .

يمكنللمستخدمينتجنبالمش كةغيرالمقصودةفيعملياتغيرق يةمنخلالالتعرفعلكيفيةاستخ دامالعملاتالمشفرةبشكلمسو لوق ي .

يمكنتحقيققاعدةمستخدمينأكثرإلماًمامنخلالالحملاتإعلا يةعامة مو دتعليمية راكاتمع المؤسساتالأكاديمية.

تمتوجيهمخا فحولكيفيمكنأ يساعدالبيتكوينفيغسيلالأموالوالتجا ةغيرالمشر عة غيرها منالأ شطةغيرالق ية تيجةلا تباطهبالأ شطةغيرالق ية .

معذلك،يتعينعلينافهمأ الهيئاتالا فاذيةيمكنهامراقبةالتحققمنالأ شطةالمشكوكفيهابسبب فافيةالبيتكوينوتطو اتأ اتتحليلسلسلةالكتل .

بالإضافةإلذلك،الأطرالتشريعية التنظيمالذاتيللشركاتتتغيرباستمرا لتعزيزالمساءلةال فافية الامتثالداخلنظامالبيتكوين.

استراتيجيةمتوا ةتأخذفياعتبا هاكلمنالأم والخصوصيةضر يةللتعاملمعقضاياالبيتكو ينوالأ شطةغيرالق ية .

لتعزيزالشفافية تشجيععلىالاستخدامالمسو ل ضما أ يمكنالاستفادةمنفوائدالبيتكوينمع تقليلالمخاطرالمرتبطةبالعملياتغيرالق ية،يعتبرالتعا بينمجتمعالعملاتالمشفرة الجها تالتنظيمية السلطاتالإ فاذالق ي وأمرًاضر يًا .

منخلالالعملالمشترك،يمكنللمعنيينوضعأساسأكثرتماسكًاللبيتكوينو العملاتالمشفرةالأخرى فيالمستقبل،مما يعزز إمكا ياتهالتحقيقتغيير إيجابيومنعالاستخداماتغيراللائقة

مشاكلالتوسع

أصبحتالعملةالمشفرةالأ لى،البيتكوين،ذاتشعبيةكبير ة أحدثتطفر ةفيعالمالأصولالرقمية .

معذلك،أصبحتقضيةالتوسعأمرًاحاسمًاالشبكةالبيتكوينمعزيادةالاعتماد .

يتنا لهذاالقسممشكلاتالتوسعالتيواجههاالبيتكوينحاليًا أسبابهاالجوهرية كيفيةتأثيرها علىسر عة تكلفةالمعاملات الوسائلالممكنةللعلاج.

التوسعهو قدرة النظامعلىاستيعابالاحتياجاتالمتزايدةمعتطور ه .

فيسياقالبيتكوين ، يشير التوسعإلىقدرة الشبكة علىمعالجة حجمتزايدمنالمعاملاتبشكلسريعو فعّال .

تظهر قيو دتكنو لو جياسلسلة الكتلالتيتعتمد عليها البيتكو ينبوضو حمعاً ضماما لمزيدمنالمستخ دمينإلىالشبكة زيادةالنشاطالمعاملاتي.

حجمالكتلة المسمو حبهولإ تاجية المعاملاتفيالبيتكو ينمرتبطةمبا ؟ رةبمشكلةالتوسع .
الحدا لأقصىلحجمجمالكتلة فيسلسلة الكتلالخاصةبالبيتكوينهو 1 ميجابايت
(MB) ، ممايقيدكمية المعاملاتالتييمكنأ تحتويهاكتلة احدة .

بسببهذ االقيد ، يتمتقييدإمكا يةتنفيذ المعاملات ، مماقديؤديالتأخير اتوزيادةفيتكاليفالمعاملاتع دمايكو الشبكة مكتظةبشكلكبير.

سر عةالمعاملاتو الرسو معلىشبكة البيتكوينتتأثرمبا ؟ رةبحجمالكتلة المحد د إمكا يةتنفيذال معاملات .
يمكنأ يزيد الطلبعلىالمعاملاتعنقد رة الشبكة ، ممايؤديإلىزيادةالو قتاللاز ملتأكيد المعاملاتو إ ا جهافيكتلة .
تيجةلذلك ، قديو اجهالمستخدمو فترا تتأكيد أطولو سومًا أكثر تكلفةلتشجيععمالمناجمعلى إعطاءأفضلية لمعاملاتهم.

قدتقو مهذ هالمشكلةفيالتو سعبتقييدإمكا يةاستخدا مالبيتكوينكوسيلةللدفعسريعة بأسعا مع قولة ، خاصة عندماتكو الشبكة أكثر ازدحامًامنالمعتاد .
بالإضافةإلىذلك ، يمكنأ تجعلمشاكلالتو سعالبيتكو ينأقلجد ى للحالاتالاستخدا مالتيتتطلبمعاملات سريعة بتكلفةمناسبة ، مثلالميكر مدفو عات .

تسببتصعو باتتو سيعالبيتكو ينفيمجمو عةمنالمتغير ات .
أ لًا قبلكلشيء ، تموضعقيدحجمالكتلة البالغ 1
ميجابايتفيالبداية كإجراءأمني للحماية منالتهديداتالشبكية .
معذلك ، عندماتسعحجمالمعاملات ، تحو لهذ القيدإلىز جاجة قبة .
ثا يًا ، يجبعلىعمالالمناجمحلًالمشاكلتحديدصحة المعاملاتو إضافةكتلإلىسلسلة الكتل ، هوجزء

منآليةالتوافق (PoW) Proof-of-Work فيالبيتكوين .

تعيقهذ هالعملية التيتتطلبو قتَّاطو يلاًقَ ةالشبكةعلىمعالجةالمعاملات .

□ أخيرًا□ ليسآخراً، يتمإدخالالتأخير فيالشبكةبسببالطبيعةاللامركزيةللبيتكوين،حيثتكو□ العقدم

□ تشرةفيجميعأ□ حاءالعالم □ هذايؤثر على□ قاتتأكيدالمعاملاتبشكلإضافي.

مشكلاتالتوسعفيالبيتكو يندفعتإلىالتحقيقفيحلو لمختلفةتستهدفزيادةإمكا□ يةتنفيذالمعاملاتو

تعزيزفعاليةالشبكة،□□ Segregated Witness (SegWit)بكةالبرق (Lightning

Network)،توقيعاتSchnorr،تجزئة

(sharding)،□تقنياتالطبقاتهيأمثلةقليلةعلىالحلو لالمحتملة .

تُعدترقيةالشبكةالمُسماةSegWitو عَامنالترقياتالناعمةتفصلبيا□ اتالشاهد عنكتلةالمعاملة

□ تعدلتنسيقالمعاملة .

□ يتيحذلكتو سيعحجمالكتلةالفعَال،ممايمكنمنإ□ اجالمزيدمنالمعاملاتفيالكتلة .

□ فوقسلسلةكتلالبيتكوين،تم□ا□ شاءحلاًلتوسيعالطبقةالثا□ يةيُعر فبشبكةالبرق .

□ عنطريق□ا□ شاءقنواتدفعبينالمستخدمين،يمكنهاتمكينإجرا ءمعاملاتخا□ جالسلسلةالرئيسية

فو□□ بتكلفةمنخفضة .

□ تقومطريقةتشفير تسمنتوقيعاتSchnorrبتقليلكميةبيا□ اتالمعاملة عنطريقدمجالعديدمنال

توقيعاتفيتوقيعواحد،ممايزيدمنكفاءةالمعاملة .

□ يتمتقسيممسلسلةالكتلإلىقطعأصغر باستخدامتقنياتالجزءا□ الطبقات□ منثميتماضافةطبقات

إضافيةلأداءأ□ واعمعينةمنالمعاملاتأ□ العملياتالحسابية

هناكعدةتحدياتو عو امليجبأخذ هافياعتبا□□□ أثناءتنفيذحلو لالتوسعللبيتكوين .

□ظرًاللهيكلاللامركزيللشبكة، يمكنأ□ يكو□ منالصعبالتوصلإلىتو افقبشأ□ تحديثاتكبير ة□ تعديلاتع

لبر□ توكولالبيتكوين .

لضما□ تنفيذ□ اجح، يجبأ□ تحظىكلحلأمقتر حأبد عمو اسعمنقبلعمالالمناجمو المطو□ ينو أصحابالم

صلحةالآخرين .

منالضر□□ يتوسيعالبيتكو ينمعالحفاظعلىأم□ الشبكة□ تجنبالتمركز ،لذلكالأم□ و اللامركزيةهم

اعاملا□ مهما□ يجبأخذ هما فياعتبا□□□ ا .

لتعزيز التكامل السلس وتقليل الضرر في البنية البيئية الحالية، يعتبر التوافق بين حلول التوسع المختلفة والتشغيل المتقاطع مع البنية التحتية الحالية للبيتكوين أمورا أحيوية أيضا.

إحدى العقبات الرئيسية أمام اعتماد البيتكوين على نطاق واسع واستخدامه كنظام للدفع على مستوى عالمي هي عدم قدرته على التوسع.

يتأثر سرعة المعاملات وتكاليفها بحجم الكتلة المحدد وإمكانية تنفيذ المعاملات والتأخير ذات الصلة، مما قد يجعله غير مفيد في بعض التطبيقات.

لتجاوز هذه المشكلات التوسعية، تعمل المجتمع والمطورون في مجال العملات المشفرة بنشاط على البحث عن حلول. الطرق المحتملة لزيادة توسع البيتكوين تشمل مدمجة تحسينات تمثل Segregated Witness، شرح لآلية توسيع الطبقة الثانية تمثل شبكة البرق، استكشاف طرق مثل توقيعات Schnorr، وأخذ استراتيجيات الجزء الطبقات في الاعتبار أيضًا.

ستظل التوسعية مجالًا أحيويًا للتركيز مع تطور البيتكوين وانضمام قدرة الشبكة على استيعاب زيادة في حجم المعاملات مع الحفاظ على الكفاءة والوصولية.

يمكن للبيتكوين تعزيز نفسها كعملة قمية موثوقة قابلة للتوسع وتعزيز اعتماد استخداماتها في المستقبل، من خلال التعامل مع مشكلات التوسع هذه والعثور على التوازن المثل بين الابتكار واستقرار الشبكة.

التلاعب في السوق والاحتيال

لقد هدت البيئة المالية تحولا كاملا بفضل تطور البيتكوين كعملة قمية لامركزية.

مع ذلك، يمكن للتلاعب في السوق والأنشطة الاحتيالية أن تحدث في سوق العملات المشفرة، بما في ذلك سوق البيتكوين.

تتنا لهذا القسم استراتيجيات التلاعب في السوق والأنشطة الاحتيالية التي تؤثر على سوق البيتكوين، تقيم تأثيرها على المستثمرين ونزاهة السوق وتستقصي الإجراءات الوقائية.

التلاعب في السوق هو محاولة متعمدة للتأثير على تسعير أحجام سماتأخر في السوق قمالية لصالح فرد القامبه.

يمكن أن يأخذ التلاعب في سوق البيتكوين أشكالا متعددة، مثل حيل رفع والإلقاء تد لا المياه التضل

يلو التكديس ⧄ التد⧄ لبمعلو ماتداخلية .

تعرضهذ هالأفعالقⶈ ةالسو قعلاالعملبشكلعادلو فعاللخطر .

تتضمنحيلالر فعو الإلقاءز يادةسعر عملةمعماةبشكلصنا عيمنخلالالعملياتشر اءمنسق⧄ⶈ شرأخ بⶈ إيجابية ،ثمبيعها عند أعلسعر⧄ تركالمستثمرينالآخرينفيخسا⧄ة .

تشملتد⧄ لالميا هإقامةصفقاتشر اء⧄ بيعلتظهر⧄ كأ هاتشير إلنشاطبحجمكبير ⧄ ذلكلخدا عال مش⧄ كينالآخر ينفيالسوق .

فيحينيستخدمالتد⧄ لبمعلو ماتداخلية المعرفة السرية للحصو لعلميزة غير عادلةفيقر⧄ اتالتدا ول ،يتضمنالتضليلو التكديسو ضعطلباتز ائفةفيمحا⧄ لةللتلا عببالعرض أ⧄ الطلب .

بالنسبةللمستثمر ينو⧄ ز اهة النظامالبيئيللعملاتالمشفرة ،لهاالتلا عبفيالسو قو الاحتيالفيسو قال بيتكو ينعو اقبكبيرة .

أ⧄ لاⵊ قبلكلشيء ،يمكⵊأ يتسببالمستثمر⧄⧄ الذينيصبحو⧄ هدفاⵊالتقنياتالتلا عبفيالسو قفيتكبدخس ائرماليةكبيرة .

⧄ خاصةفيعملياتحيلالر فعو الإلقاء ،يتمتغر يهمبشر اءالأصو لبأسعا⧄ مبالغفيها فقطليربتر اجعق يمتها عندمايتر كمنيقو مبالتلا عببالسو قالساحة .

يقللالتلا عبفيالسو قأيضاⵊمنالثقةفيسو قالعملاتالمشفرة .

يتعث⧄ مو⧄ تبنيالعملاتالمشفرة⧄ تيجةلتر اجعإقبالالمستثمر ينبسبب⧄ تش⧄ الأخبⵊ عنالعملياتالا حتيالية .

قديتجنبالمستثمر⧄⧄ المحتملو⧄ الا⧄ خر اطبسببهذا التر اجعفيالثقة ،ممايعو قأيضاⵊ مو سو قناضج ⧄ صحية .

⧄ منأجلحمايةمصالحالمستثمر ينو الحفاظعلنز اهة السوق ،يتماتخاذإجر اءاتللتصديللتلا عبفي السو قو الاحتيالفيسو قالبيتكوين .

⧄ لمر اقبةسو قالبيتكو ينو⧄ قفالتلا عبفيالسوق ،يعتبر الرقابة الإ⧄ رافيةأمر اضر⧄ ⧄ يⵊا .

⧄ لمنعالأ⧄ شطةالتلا عبية ،تحⵊ لالهيئاتالر قابي⧄⧄ شاءأطر⧄ اضحة⧄ فرضمعايير الامتثال .

تستخدم منصات تداول العملات المشفرة البو□ صات تقنيات مراقبة السوق لتنفيذ الضوابط لاكتشاف أ□ م اط التداول غير الطبيعية □ اكتشاف حالات تداول المياه □ اكتشاف أ□ و ا عأخر □ من التلاعب في السوق .
تساعد هذه الأ□ اتفي التعر فعلى من يقو مو □ بالتلاعب و تعمل كعامل ر اد علأ□ شطة الاحتيالية .

لكي يتسلح المستثمر □□□ بالمعر فة للتعر فعلى و تجنب حيل التلاعب في السوق ،في□ الحملات التثقيفية □ التو عية ضر□□ ية .
يمكن للمستثمر ين اتخاذ قر □ اتأفضل و الدفا ع عن□ا فسهم من التكتيكات غير النزيهة عن طريق التعر فعلى المخاطر□ علامات التلاعب

مك□ آخر حاسم للحد من التلاعب في السوق هو زيادة□ فافية السوق للعملات المشفرة .
□ لتقليل احتمال التداول المجهول و الأ□ شطة غير القا□ و □ ية ،يمكن لبو□ صات العملات المشفرة فرض إجر اءاتأكثر صر امة لمعر فة العميل (KYC) □ مكافحة غسل الأموال (AML).
يعتمد الحفاظ على نز اهة السوق على عمليات التداول المفتوحة □ الإبلاغ الدقيق عن النشاط التجا□ ي .

لمكافحة التلاعب في السوق و الاحتيال بفعالية ،يتطلب الأمر التعا□□ و تبادل المعلو ماتبين بو□ صات العملا تالمشفرة□ الهيئات الرقابية □ منظمات□ فاذ القا□ و □ و ابطا الصناعة .
يمكن للمعنيين تعزيز جهودهم المشتركة لحماية نز اهة□ سوق العملات المشفرة من خلال التبادل المعلو ما تو تنسيق التحقيقات و□ شاء ممار ساتمتفقعليها على مستو □ القطاع .

الاحتيال و التلاعب في السوق□ يشكلا□ تهديدا خطيرا لنز اهة□ استقر □ سوق البيتكوين .
يتماستخدام التداول بمعلو ماتداخلية□ التضليل و التكديس و تدا□ ل المياه و حيل الر فعو الإلقاء □ است □ اتيجيات أخر ل للاستفادة من المستثمر ين الغير مشبعين .
النتائجتتضمن خسائر مالية□ تر اجعًا في الثقة□ قضايا تنظيمية .

□ مع ذلك ،يتم مكافحة التلاعب في السوق و الاحتيال بنشاط من قبل قطا ع العملات المشفرة□ السلطات الرق ابية□ المش□ كينفي السوق .
يتمالحفاظعلى نز اهة سوق البيتكوين من خلال المر اقبة التنظيمية□ تقنيات مراقبة السوق و بر امج التثق يفو زيادة الشفافية□ التعا□□ ن.

تعتمد الاستدامة الطويلة الأمد□ التوسع فيسوق البيتكوين على الإجراءات المستمرة للرد عو اكتشاف ال
تلاعب في السوق والاحتيال، علىالر غم من□ القضاء الكامل عليها قد يكو□ صعبًا .
يمكن للصناعة حماية□ زاهة□ظام العملات المشفرة□ توفير بيئة أكثر أم□□اً□ اعتماد المستثمر ينمنخ
لالتعزيز الشفافية□ تشجيع التثقيف المستثمري □□ ضعأطر تنظيمية قوية

الفصل التاسع

مستقبل البيتكوين

التطوراتوالابتكاراتالمحتملة

منذإطلاقها،قدمتبيتكوين،أ□لعملة□قمية غيرمركزية،تقدمًاكبيرا ً
لأ□هاكا□تأ□لعملة□قمية غيرمركزية،أث□تموجةمنالابتكا□ تطو□تحتاليوم .
تفحصهذاالقسمكيفستؤثرتطو□اتبيتكوينالمستقبلية□ الابتك□ اتعلىالمشهدالعامللعملاتالرقم
ية .
قابليةالتوسع،الخصوصية،العقودالذكية،الحلولمنالطبقةالث□ ية□ □ الأطرالق□ □ ية هيبعضالق
ضاياالتيسنتنا□ لها .

لقداستمرتصعوبةتوسيعبيتكوينمعزيادة عددالمعاملات .
□ لكنعددمنالابتك□ اتالمحتملةتظهر□ عدًافيتعزيز إمكا□ يةتنفيذالمعاملات .
منخلالاستخدامقنواتخ□ جالسلسلة،تسمححلا□ لالطبقةالث□ يةمثلشبكةالبر قبتنفيذمعاملات
أسر عوأقلتكلفة .
□ علا□ ة علىذلك،منخلالالتبسيطبي□ اتالمعاملاتوتعزيز الخصوصية،يمكنللابتك□ اتالتكنولوجية
مثلتو قيعاتشنو□ □ تابر□ تزيادةالكفاءة.

علىالر غممن□ أ معاملاتبيتكوينهيشبهمجهولة، إلاأ□ العملالمستمريتمفيزيادة الخصوصية .
منخلالإخفاءمبالغالمعاملاتوتعزيز سرية هوية المستخدم،تسعىالابتك□ اتمثلالمعاملاتالسرية
□ الأدلةالصفريةالمعرفية،إلىتو فيرضما□ اتأكبر للخصوصية .
يمكنلبيتكوي□ أ□ تستهو يجمهو□ اأ□ سعبينماتعالجقضاياالتتبعمنخلالالتعزيز ميز اتالخصوصية.

العقودالذكيةالأساسيةممكنةباستخداملغةالبرمجةفيبيتكوين □ معذلك ،إلاأ □ هاأقلتعبيراًمق □ ن
ةب □ ظمةأخرىمثلإيثيريوم □ معذلك ،يمكن □ تحسناالقتر احاتمثلاقتر احتحسينبيتكوين (BIP)
118،الذييحدد،"Sighash_ANYPREVOUT" قابليةبيتكوينللبرمجة .
□ ستكو □ ممكنةمجمو عةأ □ سعمنالتطبيقاتاللامركزية (DApps) □ تمويلاللامركزية
(DeFi)
علىشبكةبيتكوينبفضلهذ ها الابتك □ ات ،ممايجعلمنالممكنأ □ تصبحالعقو دالذكيةأكثر تعقيداً.

تعتمدقابليةتو سيعبيتكو ينو تمكينالمز يدمنالمعاملاتد □ □ ها قالسلسلةالرئيسيةعلىحلو لالطب
قةالث □ ية .
□ ظامالدفعخ □ جالسلسلة ، □ بكةالبرق ،قد اكتسبتبالفعلشعبية □ لديها القد □ ة علىز يادةإمكا □ يةتن
فيذالمعاملاتبشكلكبير □ تخفيضالأسعا □ .
قدتستمر حلو لالطبقةالث □ يةفيالتطو □ ،ممايفتحآفاقًاجديدةللتو سيعمعالحفاظعلىخصوصية □ لا
مركزية □ بكةبيتكوين.

منخلالالتو افقبينالسلاسل ،قديتجا □ زتأثيربيتكوينخ □ طتهالبي □ يةالأصلية .
يتيحمبا □ اتمثلالتبادلالسلسلبيتكو ينمعععملاتأخر ىممكنًابفضلمبا □ اتمثل Atomic
Swaps □ التبادلاتاللامركزية
(DEXs)،التيتلغيالحاجةإلىالوسطاء □ تزيدمنملكيةالمستخدملأصوله .
منخلالالتو افقبينالسلاسل ،يمكنللمستخدمينالاستفادةمنالمز ايا المقدمةمنشبكاتالبلو كتشينالم
تنو عة ،ممايعز □ □ ظامالعملاتالمشفر ةبشكلأكثر تو اصلاً □ فعالية .

يمكنلسلسلةالكتلفيبيتكو ي □ أ □ تو فر أساسًامستقرً العملياتالتمويلالر مزيو □ قمنةالسلعالفعلية .
يجعلبيتكو ينمنالممكنالحصو لعلىالملكية الجزئية □ تحسينالسيو لة □ زيادة الشفافية عنطريقت
مثيلالأصو لالتقليدية علىسلسلة الكتل .
منخلالأتمتةالعملياتو ديمقر اطيةالوصو لإلىروء □ سالأموال ،تتيحهذ ها الاختر ا عاتإمكا □ يةتحولكا
مللعدةصنا عات ،بمافيذلكالعقا □ اتو الفنو □ وإدا □ ةسلسلةالتو □ يد .

لكييتماستخد امبيتكو ينعلىنطاقو اسعو يتمدمجهفيالأ □ ظمةالمالية التقليدية ،يجبأ □ تنضجالأطرال
تنظيميةالتيتتحكمه .

يمكنللمؤسساتأ تشعربراحةأكبرفياستكشافمنتجاتو خدماتمتعلقةببيتكوينعندماتضعالحكوما
تفيجميعأ حاءالعالمأطرًا اضحة .

قديعززاعتمادبيتكوينفيالأ ظمةالماليةالمُنشأة،مثلأسواقالعقودالآجلةأ صناديقالتدا لالمتب
ادل (ETFs) خدماتالحفظ،مكأ تهكوسيلةللتخزينللقيمةأ أداةاستثما .

مجالآخرللنمو هوالتعاملمعتأثيربيتكوينعلىالبيئةأ استخدامالطاقة .

فيحينالحفاظعلىأمأ الشبكةأ لامركزيتها،تهدفالتطو اتالجديدةفيتكنولوجياالتعدينو التحقيقف
يعملياتالتو افقالبديلة،مثلدليلالحصة،(PoS) إلتقليلاستهلاكالطاقة .

يمكنأ تحسنهذ هالتغيير اتاستدامةبيتكوينو تخفيفالقلقبشأ أثرهالكربو ي .

الاختر اقاتو التقدماتالمستقبليةالمتعلقةببيتكوينلديهاالإمكا يةللتأثير علىاتجاهالعملاتالرقمية
.

منبينالمو اضيعالرئيسيةالتيتخضعللتحقيقتحسيناتالتوسع أ تحسيناتالخصوصية أ العقودال
ذكية أ حلولالطبقةالثا ية أ التو افقبينالسلاسل أ الرمز ة أ الأطرالتنظيمية أ قبولالمؤسس
ات أ الاستدامةالبيئية .

بيتكوينلديهاالإمكا يةللتطو الععملة إلعملة أ قمية أ فعالية أ خصوصية أ قابلةللبرمجة أ متصلةبال
أ بكةمعاستمر ا تطو ه .

تعلمجتمعبيتكوين أ المطو ن أ الجهاتالتنظيمية أ مشا كوالصناعةبنشاطنحوتحقيقهذ
هالتحسيناتالمحتملةعلىالر غممنوجودعقباتومخا ف .

ستتطلبتحقيقالإمكا اتالكاملةلبيتكوين أ تحويلهاإلىالركيزةفيالنظامالماليالعالمي أ تمكينالت
ضمينالماليالأ سع أ تحسينالكفاءة أ الشفافية ،التعا أ والبحثو التحسيناتالتكنولوجية

دور بيتكوين في اقتصاد المستقبل

بدأت العملة الرقمية اللامركزية المعروفة باسم بيتكوين في تعطيل القطاع المالي العالمي .

يتوقع أن يتزايد أن بيتكوين يغير كيفية إجراء المعاملات وتخزين القيمة والمشاركة في النظام المالي العالمي على مستوى العالم، مع تقال العالم الاقتصادي قميتز ايد بشكل متزايد .

يفحص هذا القسم الموقف المحتمل لبيتكوين في اقتصاد المستقبل من خلال النظر إلى تأثيراته على السياسة النقدية والتمويل اللامركزي والتجارة العالمية والتضمين المالي والأنظمة المالية .

من خلال توفير بكة لامركزية مختلفة لنقل القيمة، يمتلك بيتكوين الإمكانية للتحويل الأنظمة المالية التقليدية .

ظرا لطبيعته اللامركزية، يمكنه تمكين عمليات تبادل عبر الحدود بشكل أسرع وأكثر تكلفة بشكل أقل، مما يقلل من الحاجة إلى الوسطاء ويخلق فرصا جديدة للتجارة الدولية .

مع بيتكوين، يمكن للأفراد والشركات تجاوز قيود الأنظمة المصرفية التقليدية الاستمتاع بفوائد مثل أوقات التسوية الأسرع والرسوم الأقل وزيادة الشفافية .

تتجاوز تأثير بيتكوين على اقتصاد المستقبل حدود أنظمة البنوك، حيث تتمثل في تهيئة إعادة تشكيل التجارة الدولية .

يمكن لبيتكوين تيسير التجارة الدولية عن طريق تقليل الاعتماد على العملات والقية وتقديم منصة أكثر فعالية وشفافية لتنفيذ المعاملات عبر الحدود بفضل قدرته على إجراء معاملات آمنة لا يمكن تغييرها .

من خلال أتمتة الالتزامات التعاقدية □ تقليل الاحتكاك فيسلاسل التو□ يد المعقدة، تعزز العقود الذكية □ ال
عملات البرمجية على شبكة بيتكوين التجا□ ة بشكل أفضل.

إحدى أهم تأثيرات بيتكوين على اقتصاد المستقبل هيق□ تهعلتعزيز التضمين المالي .
تستبعد الأ□ ظمة المصرفية التقليدية بشكلمتكر□ الأفراد الذينيعيشو□ فيمناطقتخدمبشكلغير كافب
سببنقصفيالبنية التحتية أ□ بسبب لوائح ص□ امة .
يتيح بيتكوين للمجتمعاتغير المصرفة أ□ ف□ يالوصولالمح□ دفرصةالوصولإلىالنظامالماليبديليكو
□ متاحًا لأيشخصيمتلكاتصالًابالإ□ ترن□ ت .
من خلال استخدام بيتكوين، يستطيعالأفرادالوصولإلى□ الخدماتالمالية□ إجراءمعاملاتبشكلآمن،
□ الحفاظعلىالتحكمفيأمو الهم، ممايسدالفجوة فيالنظام الماليالعالمي.

من خلال إ□ شاء عملة معما□ تتسمبالتضاؤلو□ ذاتإمدادمح□ د، يعر قلبيتكوينالفكرة التقليدية للتنظيم
النقديالمركزي .يوفر إمداد بيتكوين الثابتمن 21
مليو□ عملة□ سيلة للحماية ضدالعملاتالو□ قية عرضةللضغوط التضخم، التيتستخدمهاالبنو كالم□
□ كز ية لمكافحة التضخم .
تقدمالسياسة النقدية الشفافة□ المتوقعة لبيتكوينبديلاًلو سيلةلتخزينالقيمة، معزز ةالثقة□ الاس
تقر□ فيمو اجهة عدماليقينالاقتصادي ، علىالر غممن□ طبيعتهالتضاؤلية قدتثير قضايافيمايتعلق
بالاستقر□ الاقتصاديالكلي.

بيتكوينسيلعب□ □ اهامًافيالاقتصادالمستقبل، لايقتصر فقطعلىكو □ هعملة□ قمية .
تمبناء □ ظامالتمويلاللامركزي
، (DeFi)□ هو□ ظاممنالتطبيقاتالماليةالمستندة إلىتقنية البلوكشين،فوقبيتكوين .
يمكنللمستخدمين، ب□ □ الحاجةإلىوسطاءتقليديين، استخدامDeFiم□ اللوصولإلىمجمو عةمنالخ
دماتالماليةمثلاًلإقراضوالاقتراضوز□ اعة العائد .
بالنسبةلتطبيقات،DeFi تعتبر سلسلة الكتلاآمنة□ المفتوحةلبيتكوينأساسًاموثوقًا، ممايمكنم□
□ تقديمخدماتماليةفعَالة□ غير مقيدة.

بيتكوينيعتبر فئة أصولمر غوبةللحفاظعلىالثر□ ةفيالاقتصادالمستقبلبسببإمداد هالمحد□ □ قد□
تهعلىالعملكوسيلةلتخزينالقيمة .

يقدم الطابع الر قمي لبيتكوين □ قابليته للتجزئة □ قابليته للنقل لمز اياخاصة عندمايبحث الناس عن بدا
ئل للوسائل لتخزين القيمة التقليدية مثلاذ هب أ □ العق□ ات .
□ هو يحظى بشعبية خاصة في الأماكن ذ ات الاستقر □ السياسي المتقلب حيث تكو □ الحفاظ على الثر □ □ الحم
اية من مصاد □ ة الأصول لقضايا □ ئيسية بسبب طبيعته غير المركزية □ مق□ متها للر قابة .

بعيدًا عن □ □ هكعملة قمية ،تكو □ بيتكوين مُحدّثة بطر ق أخر ى أيضًا .
تقنية البلوكشين ،التي تعتبر التكنولو جيا الأساسية ،قد أ □ علت شر □ ة الابتك□□□ يادة الأعمال .
من المر جح أ □ تظهر في المستقبل شر كات مبتكر ة تستخدم تقنية بيتكوين لأغر اض أخر ى غير البنوك ،مثلا □
د□ ة سلسلة الإمداد □ أ □ ظمة التصويت □ حقو ق الملكية الفكر ية □ الحوكمة اللامركزية .
يحمل هذا النظام الر يادي الاقتصادي الإمك□ ية لتحفيز النمو الاقتصادي □ التقدم التقني □ خلق الوظا
ئف .

ستلعب بيتكوين □ □ احيويًا □ متنو عًا في الاقتصاد المستقبل .
لديها القد □ ة على التحويل لأ □ ظمة المالية □ إعادة تشكيل التجا □ ة الد □ لية □ تعزيز التضمين المالي □
تحمي من تأثير التضخم □ تمكين التمويل اللامركزي □ حماية الثر □ ة □ تحفيز التقدم التقني .
لتحقيق إمك□ يات بيتكوين بشكل كامل في الاقتصاد المستقبل ،يجب حل قضايا تشمل الأطُر التنظيمية □ التو
سعية □ مشكلات البيئة .

طبيعة بيتكوين اللامركزية □ الغير مقيدة تقدم فو ائد خاصة تتز امن مع متطلبات المستهلك ين و الشر كات ا
لتي تتبنى الثو □ ة الرقمية .
سيعتمد تأثير ها على اقتصاد المستقبل على كيفية تجا □ ز الفاعل □ العقبات و استغلال الفر ص التي جلبتها ه
ذ ها التكنولو جيا الثو □ ية .
بيتكوين لديها الإمك□ ية لتكو □ ركيزة في الاقتصاد المستقبل من خلال الابتك□ المستدام □ التع□ ن □ ال
تبني ،مما يمكن الناس و يغير الأ □ ظمة المالية □ يعيد تعر يف معنا القيمة في العصر الرقمي .

بيتكوين و مفهوم التمويل غير المركزي (DeFi)

عملت العملة المشفر ة الر ائدة بيتكوين ليس فقط على تعطيل أ □ ظمة البنوك المؤسسة ،بل ساهمت أيضًا في ت
أسيس فكرة التمويل غير المركزي (DeFi).
يهدف التمويل غير المركزي إلى القضاء على الوسطا □ تمكين المعاملات من نظير إلى نظير ،ممثلاً تحو □ ًا مط

يَا فيكيفية□ شاع□ توفير الخدمات المالية .

يتماستكشافتقاطعبيتكوينو DeFi فيهذا القسم، إ لى □ بمبادئها التوجيهية□ استخداماتها العملية
□ مزاياها□ عيوبها .

تمبناءمجموعة□منالتطبيقات المالية□ البر□ توكولات المعر□ فة باسم، DeFi التيتمكّنمنالوصول
غير المشر□ ط إلى الخدمات المالية، علىسلسلة الكتلالعامة .

يستفيد من طبيعة اللامركزية□ لتكنولوجياسلسلة الكتللتمكينالديمقراطية المالية□ تقليلالتبعية عل
ـ الوسطاء التقليديين .يشيرمصطلح" التمويلغير المركزي (DeFi) "
إ لىمجموعة□منالتطبيقات، بعضهايشمللإقراض□ الاقتراض□ البو□ صات اللامركزية
(DEXs)،□ العملات المستقرة□ ز□ اعة العائد□ الأصولالاصطناعية .

تعتبربيتكوينأساساًموثوقاًللتطبيقاتالتمويلغير المركزي،حيثيلعب□□ احيويًا فينظام DeFi.
تكنولوجياالبلوكشينالتيتد عمالعديدمنبر□ توكولات DeFi آمنة□□ فافة□ لايمكنتغييرها بأفضل
بيتكوين،أ□ لتطبيقتناجحلتكنولوجياسلسلة الكتل .

يضيفعملية التوافقالقوية□ تأثير اتالشبكة إلىالأما□ و الشر عية العامة لنظام DeFi.

علىالر غممن□ تطبيقات DeFi طلقتأساساًعلىشبكة إيثيريوم،إلا□ هناكجهود أُتُبذللنقلتطبيقات
DeFi إلىشبكةبيتكوين .

منخلالالتمكينإمكا□ ياتالعقد الذكيعلىسلسلة كتلبيتكوين،تر غبالمبا□ اتمثل RSK
□□ بكةليكويدفيتعزيز الابتك□ فيمجال DeFi.

تستفيد هذ هالتطو□ اتمنخصائصأما□ بيتكوينوتأثير اتالشبكة□ خصائصتخزينالقيمةلزيادةقاعد
ةالمستخدمينلتطبيقات DeFi.

الاقتر اضوالإقر اضغير المركزيهماأحد الركائز الرئيسية لـ DeFi.
منخلالالتطويربر□ توكولاتتتمكّنالمستخدمينمنر هناًمنبيتكوينو اقتر اضالأمو الضد هاؤ□
□ الحاجة إلىالوسطاء الماليينتقليديين،يتز ايدؤ□□ بيتكوينفيهذا الجا□ بمن DeFi.
□□ تيجةلذلك،يمكنللأ□ خاصالوصولإلىالسيولة□منأصو لهمفيبيتكوينؤ□□ التناز لعنالملكية□□ □ ن
الحاجة إلىفحوصالائتمان

عنصر آخر رئيسي في DeFi هو البنى صاتغير المركزية، التي تتمكن المستخدمين من ند□ ل للعملات الم□ فر□ ةمبا□ رة من محافظهم و التخلص من الحاجة إلى البنى صاتالمركزية .

على الرغم من أ□ إيثيريوم هو النظام الرئيسي الذي تعمل عليه معظم البنى صاتاللامركزية، إلا أ□ هناك جه□ دا□ ل□ شاءبنى توكولاتبنى صاتغير مركزية تتصل بشبكة بيتكوين .

تسعى هذ ه المنصاتلز يادة أم□ الأصول و خصوصيتها□ التحكم فيها .

النظام البيئي ل DeFi لا يكتمل بد□ □ العملات المستقرة □ □ هي عملات رقمية قيمتها مر تبطة بقيمة العملة ا لو□ قية التقليدية .

تستفيد العملات المستقرة المد عو مة بواسطة بيتكوين من استقر□ القيمة لتقديم متجر قيمة موثوق به في قطاع DeFi.

تعتبر بر□ توكولات DeFi على بيتكوين أيضًا من تطوير الأصول الاصطناعية التي تتمثل أصول العالم ال حقيقي، مما يمنح المستخدمين وصولًا مبا□ رًا إلى الأسواق المالأمو الت قليدية .

ضمن مجتمع الأمو اللامركزية، (DeFi) أصبح تفكر تا" ز□ اعة العائد " □ "تعدين السيولة " أكثر □ يو عًا، حيث تشجع المستخدمين على تو فير سيولة لبر□ توكولات للامركزية مقابل مكافآت .

في حين يتما ستخدام بر□ توكولاتمبنية على الإيثيريوم بشكل رئيسي لز□ اعة العائد، يُعَزّ زتدا□ لالبيتكو ين في مجال الأمو اللامركزية فر صًا الحملة البيتكوين ينل تحقيقد خل سلبيمن خلالتو فير سيولة للمنصات DeFi التي ترتكز على البيتكوين.

يستفيد□ ظام الأمو اللامركزية (DeFi) بعدة طرق من وجود البيتكوين .

أ□ لاً، تكو□ حلول DeFi المبنية على البيتكوين أكثر مصداقية□ جاذبية بسبب شهر تها الكبيرة □ سيولت ها السوقية .

ثا□ يًا، توفر أم□ البيتكوين و تأثير اتشبكتها أساسًا قويًا لإ□ شاء بر□ توكولات DeFi دائمة□ قوية .

علا□ ة على ذلك، تجعل صفات البيتكوين يكمن خز□ للقيمة منها أصلًا مثاليًا للتر تيبا لأمني في مجال الاقتر اضو الإقر اض ضمن DeFi.

على الرغم من وجود العديد من الفوائد لدمج البيتكوين في نظام DeFi، إلا أ□ هناك قضايا□ تحديات يجب مرا عاتها .

تقف القد□ ة على إ□ شاء عقود ذكية مبا□ رة على سلسلة الكتلا لخاصة بالبيتكوين يفي حي□ د اللغة البرمجي

ةمق□□ ةبالإيثيريوم□ هو مايعيق التعقيد .

□ معذلك ، يمكن□ تُغلق القتنياتمثلالسلاسلالفر عية□ حلاقاتالطبقةالثا□ية□ بر□ توكو لاتالتو افقهذه الفجو ة□ تمكين شبكة البيتكو ينمن دعم و ظائف DeFi أكثر تطو□ ا.

بالإضافةإلى ذلك ، تشكلالأطر□ المعايير التنظيميةتحدياتلحلول DeFi التيتعتمد علىالبيتكو ين . يعتبر تو فير□ ضو حقا□ و □ يحو لالتطبيقاتالمتعددة لـ□ DeFi، مثلالإقر اضاللامر كزيو التبادلاتاللام □ كزية ، أمرًا حاسمًا التعزيز النمو معالتصديللمخ□ فالمتعلقةبسلامة المستثمر□ استقر□ الأ□ ض ا عالماليةبمجرد□ مو الصناعة .

بدأتمر حلةجديدة□ مثير ةفيتطو ير كلمنالبيتكو ينو قطا عالخدماتالماليةمعدمجالبيتكو ينفيمفهو م الأمو الاللامر كزية (DeFi) . تسعتطبيقات DeFi إلىالثو□ ةالخدماتالمالية□ تحقيقالتو اصلالشامل□ التخلصمنالاعتماد على الو سطاءالتقليديينمنخلالاستغلالالبنية التحتيةالشفافة□ الآمنةللبيتكو ين . معزيادةاستخدامالبيتكو ينفي، DeFi تتاحفر صجديدةللاقتر اضو الاقتر اضو التد□ لو العملاتال ثابتة□ الأصو لالاصطناعية .

تعزز الر□ حالابتك□ يةداخلمجتمعيالبيتكو ينو DeFi استمر□ التطو ير□ البحثفيحلول، علىالرغ ممنو جو دتحدياتمثلالتو سعية□ قي□ اتالعقو دالذكية□ الأطُر التنظيمية . قديحملالمستقبلنظامًامالِيًاأكثر□ مولية□ فتحًا□ فعاليةيمكنهتمكيناالأفر ادفيجميعًا حاءالعالمع □ طريقدمجفو ائدالطبيعةالآمنة□ اللامر كزيةللبيتكو ينمعمثلثات DeFi.

الختام

ملخص الكتاب الإلكتروني

كتاب" البيتكوين :كشف قوة العملة الرقمية الثو□ ية ـ دليل شامل للبيتكوين "
هو مصد□ املي فحص تعقيد اتو إمكا□ يات البيتكوين، أ□ لعملة□ قمية لامركزية في العالم .
تقدم هذه الفقر ة ملخصًا للنقاط الرئيسية المناقشة في الكتاب الإلكتر□□ ي، بما في ذلك تعريف و خلفية الن
قود □ مقدمة حول العملة الرقمية □ التمييز بين العملة التقليدية□ العملة الرقمية □ تكنولوجيا سل
سلة الكتلا التي يعتمد عليها البيتكوين □ تعدين البيتكوين □ اللامركزية □ تقنية الند للند □ الأما□ والخ
صوصية □ العرض المحد□ □ الطابع التضخمي □ القابلية للنقل و القابلية للتبادل □□ راء□ تخزين
البيتكوين □ معاملات البيتكوين □ استخدام البيتكوين للسلع و الخدمات .
تأثير البيتكوين على الاقتصاد العالمي □ عوامل الخطر□ التقلبات □ بيئة التنظيم العالمية □ الضرا
ئب □ كذلك الصعوباتو النزاعات القا□ ية □ تأثير البيتكوين على تكنولوجيا الشمول المالي و الخدمات
المصرفية □ تأثير البيتكوين على التجا□ ة الإلكتر□□ ية □ تأثير البيتكوين على التحويلات المالية□ التجا
□ ة ال□□ لية □ تأثير البيتكوين على الأثر الاجتماعيو حالات استخدام الجمعيات الخيرية □ تأثير البيتكو
ين على استهلاك الطاقة□ القضايا البيئية □ تأثير البيتكوين على الأ□ شطة غير المشر□ عة □ تأثير البيت
كوين على تلاعب السوق و الاحتيال □ الابتكا□ اتو التطو□ اتو المحتملة للبيتكوين □ □ □ البيتكوين في اقت
صاد المستقبل □ فكرة اللامركزية .

يبدأ الكتاب الإلكتر□□ ي بتقديم نظرة عامة□ املة للقر اءحول المال، بما في ذلك كمفهوم هو تطو□ هالتا□
يخي .
□ يفحص كيف تحولت التبادلات الى النقود القا□□ ية □ يُقدم مفهوم العملة الرقمية كنو ع رائد من العملة .
□ يسلط الضوء على الفر□ قبين العملة التقليدية□ العملة الرقمية، مع تسليط الضوء على مزاياها□ عي
□ بها.

ثميتن□لالكتاب الإلكتر□□ي التكنولوجيا الأساسية التي تقو م عل ا البيتكوين □ هي سلسلة الكتل .
يوضح الكتاب الطابع اللامركزي و□ الثابت لسلسلة الكتل، مبرز□ أهميتها في إقامة الثقة في غياب الوسطا□
تسهيلا للمعاملات الآمنة .

□يشر ح كيفية□□ شاء بيتكوينات جديدة من خلال العملية التعدين □ كيف يساهم ا لمنقبو□ في أم□ الشبكة .

خصائص البيتكوين ا لرئيسية المتمثلة في اللامركزية □ تقنية الندللندتضمن غياب سلطة مركزية □ تعز
ز ثقة المش□□كين .
يركز الكتاب الإلكتر□□ي عل ا الطابع شبه المجهول للسلسلة الكتلو الإجرا ءات المتخذة لحماية هوياتالم
ستخدمينمعتحليلجو□ ا بالأم□ و الخصوصية فيمعاملاتالبيتكوين.

يتمتمو ضع البيتكوين كوسيلة محتملة لتخزين القيمة□ بديل للعملات الو□ قية المعرضة للتضخم بسب
بكميتها المح□□دق□سماتها التضخمية القليلة .
يتمتعزيز استخدام البيتكوين ا لعمليفيمختلف المعاملات، بمافيذلكالمعاملاتالدقيقة،بفضلقابليته ل
لتجزئة□ النقلو التبادل .

يُستكشفأيضًاجو□ ا بالبيتكوين التيتطبقعل ا الحياة اليومية، مثلشرا□ تخزين البيتكوين .
يصفالكتاب الإلكتر□□ي مختلفالطر قلشرا ءالبيتكوين و يبرز قيمة□دائلالتخزينالآمنللمحافظ ل ظ حماية ا
لأصو لالرقمية .

يتم التركيز عل ا شفافيةسلسلة الكتلو أم□ ها أثناءمناقشةميكا□ يكياتمعاملاتالبيتكوين .
يسلطالكتاب الإلكتر□□ي الضوء علا إمكا□ ياتاستخدام البيتكوين كوسيلة للتبادلللسلعو الخدمات□ □ك
يفيتمقبو لهعل ا نطاقو اسع.

منخلالاستعر اض أداءالبيتكوين الت□ ي خيمنحيثالأسعا□ □ تقلباتالسوق □ العواملالتيتؤثر فيقيم
ته،يتماستكشافالإمك□ اتالاستثما□ يةللعملةالرقمية .
بالإضافة إلذلك، يتمفحص□□□ البيتكوين كوسيلة لتخزين القيمة، معمر اعاةحقيقة□أ ها أصلالامركز
يمق□ ملللتضخمو الرقابة .

يستكشفالكتاب الإلكتر□□ي الأثر الاقتصاديللبيتكوينعلا العالم، مبرز□ إمك□ يةتحولالأ□ ظمةالمالية□
تيسير التجا□ ةالد□ ليةو تعزيز الشمولالمالي .

كمايشدد علىضر□□□ ف□ جودإط□ ا□تنظيمية□ أهميةمعالجةمشكلاتالبيئةمعالا عتر افبالمخاطر□ ا لتقلباتالمتصلةبالبيتكوين.

منخلالفحصالقضاياالقا□ و□ية الصعوباتالتيتو اجهالعملةالر قمية،يتما التطر قإ□ االتغير اتفيالبي ئةالتنظيميةالمحيطةبالبيتكوين .
يستكشفالكتابالإلكتر□□□ يتأثير الضر ائبومح□ لا□ت□ شاءأطر تنظيميةتحققتو ا□ ابينالابتك□□ حما ية المستهلك.

يُفحصتأثير البيتكو ينعلىمجاليالخدماتالمصر فية□ التكنولو جياالماليةفيضوء إمك□ يتهلتعطيل□ ال أ□ ظمةالماليةالمُثْبَتَة□ تشجيعاالابتك□□ فيمجالاتمثلاالدفعاتو الإقر اضو التحققمنالهوية .
يتن□ لالكتابالإلكتر□□□ يأيضًاكيفيؤثر البيتكو ينعلىالتجا□ ةالإلكتر□□□ ية□ تحويلاتالأمو الو التأثير ا لاجتما عي□ حالاتاستخدامالجمعياتالخيرية،مُشددًا علىكيفية قد□ تهعلىتعزيز الشمو لالماليوم □ حالأفر ادالقو ةحو لالعالم.

يُناقشالكتابالإلكتر□□□ يالقضاياالبيئيةالتييثير هااستخدامالبيتكو ينللطاقة□ يستكشفأفك□□ اربتك□ □ قً حلو لًامحتملةللتقليلمنتأثير اتهاالبيئيةالسلبية .
يتن□ لالكتاببشكلو اضحالأ□ شطة غير القا□ و□ية المتصلةبالبيتكو ينو حاجةإلتدابير أم□ قوية للو قايةمنالاحتيالو تلاعبالسوق.

□تحدثعنمشكلاتتو سعالبيتكو ينو الحلو لالمحتملة،مثلبر□ توكو لاتالطبقةالثا□ ية□ المعاملاتخا□ جالسلسلة .
يستعر ضالكتابالإلكتر□□□ يأيضًاالتطو□ اتو الابتك□□ اتالمستقبليةالمحتملةالتيقدتعزز ق□ اتالبيتك□ ينو□ ظيفتهفياقتصاد المستقبل.

أخير ًا،يُقدممفهو مالتمو يلاللامر كزي
(DeFi)،مؤكدًاكيفيعملالبيتكو ينكأساسلهذ هالفكر ةالثو□ ية .
يفحصالكتابالإلكتر□□□ يالمبادئو الاستخداماتو الفوائدالمر تبطةب□DeFi□ يُظهر كيفأ□ لديهالق□□ ة علىتحو يلالخدماتالمالية□ تو فير معاملاتالندللندالمبا□ رة□ تعزيز الشمو لالمالي.

يقدم الكتاب الإلكتروني" البيتكوين: كشف قوة العملة الرقمية الثورية - دليل شامل للبيتكوين "
تحليلاً املاً لخلفية البيتكوين و خصائصه و استخداماته و تأثيره هو مختلف جوانب بالاقتصاد العالمي .

يُزوّد الكتاب الإلكتروني القراء بفهم أعمق للإمكانيات و التحديات المرتبطة بهذه التكنولوجيا الرائدة عن طريق فحص المواضيع الهامة المتعلقة بالبيتكوين .

سواء كعملة افتراضية، أو أداة للاستثمار، أو محرك للابتكار المالي، يستمر البيتكوين في التأثير على كيفية تطوير الاقتصاد العالمي في المستقبل.

أفكار أخيرة حول القوة الثورية للبيتكوين

منذ ابتكارها، قد قلبت البيتكوين هي عملة قيمة لامركزية، الصناعة المالية بشكل لا يمكن كله .
بينما نقترب من النهاية، يتعين أن نأخذ في اعتبارنا القوة الثورية للبيتكوين و التأثير الكبير الذي أحدثته في العديد من جوانب حياتنا .
تقدم هذا القسم بعض الأفكار الختامية حول القوة الثورية للبيتكوين مع التركيز على علامات تحولها، التحديات و آفاق المستقبل.

قوة البيتكوين الثو□ية تأتي من ق□تها على تخريب الأ□ظمة المالية المثبتة .
البيتكوين يشكل تهديدًا للإد□ة المركزية للأ□ظمة النقدية من خلال التخلص من الوسطاء □ تقليل التكاليف
لمعاملات□ تمكين المعاملات النقدية الفو□ية□ الآمنة بين الأفراد .
من خلال تمكين الناس من إدا□ة أموالهم بم□ا□رة، يحول لكيفية تبادل السلع و الخدمات و القيم .

إحدى أهم مساهمات البيتكوين الكبيرة هي إمكا□ية تعزيز الإدماج المالي .
البيتكوين يقدم بديلاً قابلاً للتنفيذ في المناطق التي تعا□ي من قلة الوصول إلى الخدمات المصرفية التقليدية .
□ظرًا□ هليسلديهم حد□د، يمكن للناس المش□كة في الاقتصاد العالمي □ تج□ز العقبات مثل المسافات و ا□
لتعقيدات البير□قراطية .
بفضل الطبيعة غير المركزية للبيتكوين، يمكن لأي شخص لديه وصول إلى الا□ ت□ ت استخدام الخدمات الم□
الية□ المش□كة في الاقتصاد الرقمي.

أتاح البيتكوين فرصة الاستثم□ للأفراد من جميع الفئات الاجتماعية، مما يسمح للجميع بالمش□كة
في عملية بناء الثر□ة .
تمكنت البيتكوين من تحتا المستثمرين الصغ□ من الوصول إلى السوق و الاستفادة المحتملة من نمو□ ها، على ع
كس الأ□ ات التقليدية للاستثم□ التي غالبًا ما تتطلب تمويلاً كبيرًا أ□ □هادات .
تتيح هذ□ ه الشمولية تقليل الفجو ات في الثر□ ة□ ت□ يد الناس بالأ□ ات التي يحتاجو□ ها للتطوير أم□ هم الم□
الي.

مناطق أخر□ تظهر فيها الابتك□ ات هي إ□ اعادة تعريف الثقة□ الشفافية في المعاملات المالية بإستخدام البي
تكوين .
بسبب تكنولوجيا البلوكتشينا التي تعتمد عليها البيتكوين، حيث يتم التحقق و تسجيل كل معاملة، يعزز ال ن
□ظام الشفافية□ يقلل من احتمالات الاحتيال .
من خلال التخلص من الوسطاء ، يضع هذ□ الدفتر اللامركزية الثقة في الر ياضيات و علم الكتمال رمزية بدلاًم
□ السلطات المركزية .
□ □تيجة لذلك، يتم تضمين الشفافية في النسيج الأساسي للمعاملات، مما يقدم نمو ذ□ جًا جديدًا للثقة.

يتمو ضع سياسات النقد التقليدية□ البنوك المركزية في ا□ختب□ بفضل الإمداد الثابت و الخصائص الا□ كما
□ية للبيتكوين .

تعملالبيتكوينكوسيلةللتحوطضدالعملاتالو□قية التيتع□ قية التيتع□ يمنالتضخمو التيتعر□ضللتلاعبالسي
اسيبسببإمدادهاالثابتمن 21 مليو□عملة .

أدظهو□ البيتكوينبالإثا□ةمناقشاتحولد□□ البنوكالمركزية□ استقر□ العملاتالو□قية□ضر□□ة
□جود□أ□ظمة□قدية□بديلة□تقدمتنبؤ□ أم□□اً□الأكبر .

بفضلالطبيعة اللاح□□ دية□للبيتكوين ،يمكنللأفر ادتجا□ز الح□□ دال□□ لية□ المش□□ كة فيالنشاطالا
قتصادي□□ الاعتماد علىالمؤسساتالمصرفية التقليدية .

توفر البيتكوينوسيلةللأفر ادلحماية□ثر□ تهمو إجراءالأعمالالتج□ية□خ□□ ج□□ رافالسلطاتالمر
كزية□في□لي□ لذاتالاقتصاداتغير المستقرة□أ□ السيطرة علىرو□ سالأمو الأ□ الحكوماتالمستبدة .
يمكن□أ□يؤ□ديهذا التمكينمنخلالالسيادة المالية إلتغيير البيئة الجيوسياسية .

تتغير التشريعاتلاستيعابالخصائصالخاصة للبيتكوينو التحدياتالمحتملةمعاستمر□□ تش□□ ه .
تصبحالحكوماتو الهيئاتالتنظيمية أكثر□ عيًابضر□□ ة□التوا□ بينتعزيزالابتك□□ حماية المستهل
كين .
لضم□□ تطو□ بيئة البيتكوينبشكلمسو□ لو توفير بيئة□ق□□ وية آمنةللأفر ا□ الشركاتللعملفيها ،يع
تبر التأكيد التنظيميأمر□ اضر□□ يًا .

الإمك□□ ياتالثو□□ ية□للبيتكوينمترابطةبالتطو□ اتالتكنولوجية المستمر□ حلولالتوسعفيالتحجيم .

هناكفرصةلزيادةق□□ ةالتوسع□ زيادة□إ□ تاجية المعاملات □ تقليلالتكاليفمنخلالالتطوير بر□□ توك
□لاتالطبقة الثا□ية□ المعاملاتخ□□ جالسلسلة□ تحسينعملياتالتوافق .
هذهالتطو□ اتالتكنولوجية□ضر□□ ية□لاستخدامالبيتكوينعلىنطاقو اسعللعملكنظامدفععالمي .

معظمهو□ تأثير اتالبيئة الناتجة عناستخدامالبيتكوينللطاقة ،يتماتخاذ إجراءاتلحلمشكلاتالاستدا
مة .
يتمتقليلالبصمة الكرب□□ ية□للبيتكوينمنخلالالابتك□□ اتمثلاستخدامالطاقة المتجددةفيعملياتالتعد
ينو استكشافإجراءاتالتو افقالبديلة .
يعتمدالصحة الطويلة الأمدللبيتكوينبشكلحر جعلىكيفيةتحقيقتوا□ بيناستدامة البيئة إمك□□ يات
العملةالرقمية .

□تيجةًلتعطيلهاللأ□ظمةالماليةالراسخة□قد□تها على تعزيز الشمو لالمالي□قد□تها على إعادة تعريفالثقة□ الشفافية،يتمتعالبيتكوينبقو ةثو□ية .
□هيقدمبديلاًللتمويلالمركزييمكّنالأفراد علننطاقعالمي،متحديًاالأفك□ التقليديةحو لالمالوالس ياسةالنقدية□ البنوكالمركزية .

علىالرغممنوجود عقباتمثلالأُطر القا□و□ية المخ□ فالبيئية،إلا□ تقدمالتكنولوجي□ الابتك□ الم ستمريظهر□ الأملفياستمر□ تطوير البيتكوينوتأثيره .
معاستمر□□افيالسير إلىالأمام،في□اعتناقالقوةالثو□يةللبيتكوينيتطلبالتع□□ والتثقيفوالمش□ كةالمسو□ لةفياقتصادالبي□اتالمتطو□ .

البيتكوينليسمجردعملة□قمية □هيمثلالاستقلالواللامركزية□ التحكمالمالي .
قوتهالثو□يةلديهاالقد□ةعلى□تحدثثو□ةفيكيفية إجراءالمعاملاتوتخزينالثر□ة،فضلاًعنالاقت صاد□ التمويلالعالميين .
منخلالاعتناقهذهالتكنولوجياالمحولة□ قومبإيجادمستقبليتسمبأ□ظمةماليةأكثر□مولًا□□ف افية□عدالة.

□كرًا لكم شراء الكتاب وقراءته □ الاستماع إليه .
إذا □جدت هذا الكتاب مفيدًا، يرجى □ تخصيص بضع دقائق وترك استعراض□ا على المنصة
التي □ تريت منها الكتاب □ أيكيهم ناكثيرًا.

9 798886 901498